新　視　野
中華經典文庫

新 視 野
中華經典文庫

名譽主編 饒宗頤

導讀及譯注 方世豪

荀子

中華書局

新視野中華經典文庫

荀子

□
導讀及譯注
方世豪

□
出版
中華書局（香港）有限公司
香港北角英皇道 499 號北角工業大廈一樓 B
電話：(852) 2137 2338　傳真：(852) 2713 8202
電子郵件：info@chunghwabook.com.hk
網址：http://www.chunghwabook.com.hk

□
發行
香港聯合書刊物流有限公司
香港新界大埔汀麗路 36 號
中華商務印刷大廈 3 字樓
電話：(852) 2150 2100　傳真：(852) 2407 3062
電子郵件：info@suplogistics.com.hk

□
印刷
深圳中華商務安全印務股份有限公司
深圳市龍崗區平湖鎮萬福工業區

□
版次
2013 年 5 月初版
2018 年 9 月第 3 次印刷

□
規格
大 32 開（205 mm × 143 mm）

□
ISBN：978-988-8236-85-5

出版說明

為甚麼要閱讀經典？道理其實很簡單——經典正正是人類智慧的源泉、心靈的故鄉。也正是因此，在社會快速發展、急劇轉型，因而也容易令人躁動不安的年代，人們也就更需要接近經典、閱讀經典、品味經典。

邁入二十一世紀，隨着中國在世界上的地位不斷提高，影響不斷擴大，國際社會也越來越關注中國，並希望更多地了解中國、了解中國文化。另外，受全球化浪潮的衝擊，各國、各地區、各民族之間文化的交流、碰撞、融和，也都會空前地引人注目，這其中，中國文化無疑扮演着十分重要的角色。相應地，對於中國經典的閱讀自然也就有不斷擴大的潛在市場，值得重視及開發。

於是也就有了這套立足港臺、面向海外的「新視野中華經典文庫」的編寫與出版。希望通過本文庫的出版，繼續搭建古代經典與現代生活的橋樑，引領讀者摩挲經典，感受經典的魅力，進而提升自身品位，塑造美好人生。

本文庫收錄中國歷代經典名著近六十種，涵蓋哲學、文學、歷史、醫學、宗教等各個領域。編寫原則大致如下：

（一）精選原則。所選著作一定是相關領域最有影響、最具代表性、最值得閱讀的經典作品，包括中國第一部哲學元典、被尊為「群經之首」的《周易》，儒家代表作《論語》、《孟子》，道家代表作《老子》、《莊子》，最早、最有代表性的兵書《孫子兵法》，最早、最系統完整的醫學典籍《黃帝內經》，大乘佛教和禪宗最重要的經典《金剛經》、《心經》、《壇經》，中國第一部詩歌總集《詩經》，第一部紀傳體通史《史記》，第一部編年體通史《資治通鑑》，中國最古老的地理學著作《山海經》，中國古代最著名的遊記《徐霞客遊記》，等等，每一部都是了解中國思想文化不可不知、不可不讀的經典名著。而對於篇幅較大、內容較多的作品，則會精選其中最值得閱讀的篇章。使每一本都能保持適中的篇幅、適中的定價，讓普羅大眾都能買得起、讀得起。

（二）尤重導讀的功能。導讀包括對每一部經典的總體導讀、對所選篇章的分篇（節）導讀，以及對名段、金句的賞析與點評。導讀除介紹相關作品的作者、主要內容等基本情況外，尤強調取用廣闊的「新視野」，將這些經典放在全球範圍內、結合當下社會生活，深入挖掘其內容與思想的普世價值，及對現代社會、現實生活的深刻啟示與借鑒意義。通過這些富有新意的解讀與賞析，真正拉近古代經典與當代社會和當下生活的距離。

（三）通俗易讀的原則。簡明的注釋，直白的譯文，加上深入淺出的導讀與賞析，希望幫助更多的普通讀者讀懂經典，讀懂古人的思想，並能引發更多的思考，獲取更多的知識及更多的生活啟示。

（四）方便實用的原則。關注當下、貼近現實的導讀與賞析，相信有助於讀者「古為今用」、自我提升；卷尾附錄「名句索引」，更有助讀者檢索、重溫及隨時引用。

（五）立體互動，無限延伸。配合文庫的出版，開設專題網站，增加朗讀功能，將文庫進一步延展為有聲讀物，同時增強讀者、作者、出版者之間不受時空限制的自由隨性的交流互動，在使經典閱讀更具立體感、時代感之餘，亦能通過讀編互動，推動經典閱讀的深化與提升。

這些原則可以說都是從讀者的角度考慮並努力貫徹的，希望這一良苦用心最終亦能夠得到讀者的認可、進而達致經典普及的目的。

「弘揚中華文化」是中華書局的創局宗旨，二〇一二年又正值創局一百週年，「承百年基業，傳中華文明」，本局理當更加有所作為。本文庫的出版，既是對百年華誕的紀念與獻禮，也是在弘揚華夏文明之路上「傳承與開創」的標誌之一。

需要特別提到的是，國學大師饒宗頤先生慨然應允擔任本套文庫的名譽主編，除表明先生對本局出版工作的一貫支持外，更顯示先生對倡導經典閱讀、關心文化傳承的一片至誠。在此，我們要向饒公表示由衷的敬佩及誠摯的感謝。

倡導經典閱讀，普及經典文化，永遠都有做不完的工作。期待本文庫的出版，能夠帶給讀者不一樣的感覺。

中華書局編輯部

二〇一二年六月

目錄

附錄

開出一個人文世界——《荀子》導讀

方世豪

一、荀子其人其書

荀子，名況，字卿，又稱荀卿、孫卿，戰國時趙國人，大約生於公元前三〇七年，卒於公元前二一三年左右。荀子生逢亂世，十五歲遊學於齊，在稷下留居了較長時間。齊威王、宣王當政時期，招賢納士，學者雲集，是齊國最繁榮時期。到齊湣王時，開始衰敗，學者離去，荀子到了楚國。到齊襄王時，稷下又再度興盛，荀子又回到齊國，成為齊國最有名望的學者。荀子也曾經向秦昭王和趙孝成王推薦他的政治主張，但都沒有被採用。後來到了楚國為官，到春申君死而免官。以後就一直著書立説，教學授徒，直至去世。

《荀子》一書流傳至漢朝，經劉向整理，定為十二卷，三十二篇。到了唐朝，楊倞為《荀子》作注，定為二十卷，就是我們今天看見的《荀子》。《荀子》現在通行的是清代盧文弨校勘本，而清末王先謙撰《荀子集解》集清代學者之大成，是清代最著名注本。近人梁啟雄作《荀子簡釋》是近代著名的注本。

二、荀學簡史

荀子說自己的學問是繼承孔子而來的，又常常把孔子和周公相提並論。這是因為荀子認為自己和孔子一樣，是發揚周代的人文文化制度的，其重點和孟子不同。孟子也是繼承孔子，但常說堯舜是創造人倫文化的人，所以重點是在人倫文化，而不是周公的制禮作樂。《荀子》書中有《堯問篇》，有荀子門人的記錄，說荀子的善行，孔子也不能超過，為荀子辯護，認為荀子並非不如孔子。可見荀子門人並不認為荀子是繼承孟子，而是直承周孔。

漢代傳授五經的儒者，多數自認為是繼承荀子，遙承荀子門戶。例如：解釋《詩經》的三家，《魯詩》是傳自浮丘伯，《韓詩》是傳自韓嬰，《毛詩》是傳自毛亨。而《禮》傳自后蒼，《春秋左氏傳》是傳自張蒼，《春秋穀梁傳》是傳自申公。這些儒者的師承，都可以上溯到荀子的弟子。這些說法可參考清代學者汪中的《荀卿子通論》。

漢代時，董仲舒已經質疑過孟子的性善論說法。劉向的《孫卿書錄》就稱讚荀子，又說董仲舒是大儒而寫書稱讚荀子。後來，王充也有質疑孟子的文章。由此可見，漢初時，荀子的地位在孟子之上。漢代只有揚雄曾以孟子自比，而反對道家墨家。

漢代也很少主張孟子的性善論。董仲舒說性是天生的氣質，可以同時貫通善惡。揚雄說性，主張「善惡混」，都是綜合孟子、荀子的主張而說的。王充主張性分三品，認為人性有善，有惡，有居中，也是由綜合孟子和荀子的主張而進一步說。

經典方面，由漢至唐，儒者都很重視五經。五經有多種注釋，但《孟子》就只有趙岐注一種，和《荀子》只有楊倞注一樣，他們的學問都未曾受到當時的重視。

到了唐代，韓愈著《原道》，認為孟子是醇乎醇，而荀子是大醇而有小疵。這就是讚揚孟子而稍為貶抑荀子。但韓愈對性的主張就和漢代王充大約相同。

到了宋代初期，學者仍然是大多數把孟子、荀子和揚雄、文中子相提並論。但《宋元學案》的《安定學案》中，安定門人徐積，就開始有評論荀子的性惡論。蘇軾的《荀卿論》更加認為李斯焚書坑儒的罪行，就是由於李斯的老師荀子主張性惡。二程更加大力斥責荀子的性惡論，二程說：「其學極偏駁，只一句性惡，大本已失。」這就是認為荀子的性惡已失去了儒學的大本。朱子的《近思錄》也有引用二程的說法。由宋代到明代，學者大多數都認為孟子才是孔子的嫡傳，荀子是雜學而已。

到了清代，戴震主張心知，凌廷堪主張禮，說法其實和荀子大約相同，但他們都沒有說明是宗於荀子。而汪縉的《二錄》、《三錄》，主張歸宗孟子作標準來衡量荀子。但書中仍然有採用荀子主張的地方。姚鼐著《李斯論》，駁斥蘇軾的說法，不贊成把李斯的罪過歸咎於荀子。錢大昕、郝懿行為荀子辯護，認為荀子之學，沒有違反孔孟的主張。盧文弨、王念孫就對荀子的文章多做校注的工夫。汪中著《荀卿子通論》，綜述了荀子承傳經學的功勞，又為荀子作《荀子年表》。而到了清末，王先謙集合了盧文弨、王念孫等人的校注，撰《荀子集解》。書中前二卷是考證，當中也備錄了由錢大昕、郝懿行到汪中等人的文章。清末時，章太炎著《國故論衡》，用佛家的唯識宗義理來討論孟荀的人性論主張，認為孟子和荀子是各自得到偏向一面的人性意義。所以章太炎的說法有些類似漢代董仲舒、揚雄對孟子和荀子關於人性主張的評論。與章太炎同時，譚嗣同著《仁學》，一方面注重孟子所說的民貴主張，一方面斥責荀子的尊君、君統的主張，認為中國二千年來，君主專制制度都是荀子學說的流派形成。這是荀子所始料不及的。

而民國以來，學者就常常提到荀子所主張的正名，和關於心和天的解釋，因為可以用來和西方哲學思想比較，所以漸漸又覺得荀子學說有價值了，孟子和荀子的地位又大約相等了。這就是荀子之學的簡史。

三、荀學在現代中國的意義[1]

我在司徒華先生的書中，看到一個天堂與地獄的故事[2]。

話說有一個人死了，靈魂在路上飄蕩，心裏想：這條路是上天堂，還是下地獄呢？他自己無法估計自己功過，不知應上天堂或下地獄。走了一會兒，看見一座金碧輝煌的宮殿，中門大開，守門人請他內進，帶他去見宮殿主人。

主人很殷勤招待，對這人說：「這裏有最華麗的房間，最舒適的床鋪，最美味的食物，只要你說得出，就有傭人煮給你吃。這裏有很多傭人侍候你，聽你吩咐。你叫他們做甚麼就做甚麼。沒有人打擾你，你甚麼也不用做。相信你從來沒有試過這樣的生活，你來這裏住一下，試一試吧！」

這個人聽了，很高興，就住了下來。果然，宮殿裏面的生活確是如此。想吃甚麼，有

1 本節內容主要根據唐君毅先生著《中國人文精神之發展》和《中國哲學原論．原道篇》的內容寫出。如想作更詳細的了解，請參看唐先生原著。

2 司徒華著《竦聽荒雞》。

甚麼，要睡多久，就多久。但他漸漸不習慣，最不習慣的，是這裏沒有朋友。傭人只是為他做事，從來不說話。另一個不習慣是這裏沒有一本書，沒有報刊。宮殿外的消息，一點也不知道，整個人好像離開了這個世界。不久，這個人寂寞得想死，好像在監獄中生活。

他忍無可忍，問了傭人：「我可不可以做一些事呢？」

傭人答：「不可以，這裏不准做事的。」

這個人問：「我可不可以負責擔水、燒飯、洗衣服呢？」

傭人答：「不可以，我不是說過，這裏不准做事，只准吃喝玩樂嗎？」

又過了一段時日，這個靈魂實在無法再忍受，走去見那宮殿主人，說：「我在這裏無所事事，雖然生活無憂，但我不能夠再留下了。我現在覺得，原來寂寞是最痛苦的。當初，我在這裏確是覺得很快樂，無憂無慮，不用工作，好像在天堂一樣。但現在，卻覺得像在地獄一樣。你可以給一些工作我做，令我不至於那麼寂寞難受嗎？」

宮殿主人說：「你想錯了，這裏不是天堂，而是地獄。地獄就是這樣，就是寂寞，就是無事可做。在天堂才有事可以做，生活才有意思。」

這個靈魂說：「那麼，我要離開這裏，我情願去那個有很多事做的地方！」

為甚麼這個靈魂不願意留在這個天堂一樣的地方？因為這裏無事可做，沒有朋友，沒有溝通，生活沒有意義。生活怎樣才有意義？就是在人世間，做人間的事，有朋友，有溝通，生活才有意義。在人世間有很多事可以做，可以從事科學、文學、哲學、宗教、藝術、體育、經濟、烹飪等各式各樣的活動，這就是人文世界的活動。有這些活動，就是有人文世界，生活才有意義。所以，人文世界才是真正的人間天堂。

歷史上，甚至今天，還常常有人用無事可做的天堂，來吸引人，甚至吸引了很多知識分子，由此而為世人帶來災禍。例如：有人以為一個財富完全平等的世界就是天堂，忽略了全幅人文世界的價值，一切都為經濟服務，世上好像只有經濟意義，只有物質的意義。這就是一個寂寞、空虛的天堂。所以，我們要重新確認，真正的天堂是全幅人文世界的開展。荀子所說的禮義，就是人文世界，就是人文統率各種文化而形成的道。

看荀學的意義，就要看荀學開展出的人文世界的意義了。

(一) 荀子人文精神的來源

人文精神就是多元文化組織的基礎。甚麼是人文精神呢？

用唐君毅先生的解釋，人文，就是一切人的思想、人的學術、人的文化，一切文化都是人的文化，都是由人創造的。所以一切文化精神都是人文精神。但這樣說好像沒有甚麼特別意思，沒有對照，人文精神的意思就顯不出來。因為除了人文思想、人文精神之外，還有反人文的思想。本來人文的思想不必特別提出來說的，但因為每個時期都有反人文精神的存在，所以每個時期都要提倡發揚人文精神。

中國人文精神發展的第一階段，是孔子以前的時期。這時期的中國人文精神是表現在具體的日常生活上。這時期其實並沒有很多人文學術思想。但中國人文精神的根源就在這時期確定下來。中國後來的人文思想，包括荀子的人文思想，都是由這時期的中國人心靈中孕育出來的。中國的人文精神，和西方的人文主義不同，並不是和神本、物本相對。所以人文精神不是沒有宗教信仰，不是不重視自然。中國人文精神重視的，是要看人對宗教性的天、帝和對自然物的態度。這種形態和西方的形態是不同的。

唐先生認為人對自然物的態度，簡單說，可以有三種：第一種是利用厚生的態度，第二種是欣賞或表現人情感德性審美的藝術態度，第三種是視自然物為客觀對象，人對客觀對象有好奇、驚訝，要求對對象加以了解的態度。第三種態度可以產生出純粹客觀的自然思想，這就是西方古希臘的科學、自然哲學的開始。這種態度的思想是直接傾向自然，趨向忘記人自己的。

中國古代既缺乏純自然的思想，也缺乏死後世界、神界的思想，所以中國文化的本源就是人文中心的文化。這種人文文化在周朝時具體形成。「周尚文」，就是說到周朝才有人文的文制，就是禮樂制度。中國古人發明器物，表示古人能夠首先控制到自然物，這是實用方面而言。但到了周朝，有了禮樂制度之後，器物就漸漸禮樂化，變成禮的器物和樂的器物，變成用來表現人情意、德性的工具。器物世界也增加了審美藝術的人文意義。周代以前，比較重視祭祀鬼神，表示中國人要求和神靈協調，禮樂的作用是要令神人關係和諧。但到了周朝，禮樂的意義就偏重於人的倫理關係，用來協調人與人之間的秩序。荀子肯定的禮樂文化，就是周朝發展出來的人文文化。

根據唐君毅先生的意見，中國人對這種人文精神的自覺，是春秋以後由孔子開始的。春秋以前人文精神自覺到甚麼程度，是不確定的。但西周時期這種禮樂文化是一種生命力極其健康、充盛，又文雅有度的文化。西周時期，人的精神和內心德性都是直接表現在文化生活之中的，而自覺反省的思想是不需要的。真正對中國人文中心思想有自覺反省，能夠說到人文精神的價值和意義的人，就是孔子。孔子開出了先秦儒家的人文思想。由孔子到孟子，再到荀子，是中國儒家人文思想自覺形成的時期。所以荀子要做的，是繼承孔子的使命，就是要重建中國傳統的人文中心文化。

(1) 孔子的努力

春秋時期的時代問題是周朝勢力衰落，夷狄勢力興起。周朝貴族墮落、無禮，士人、庶人逐漸要求提高社會地位，禮樂傳統崩壞了。即是說，中國傳統人文世界內部開始崩壞，而外面世界的夷狄勢力又形成威脅。要解決這個時代問題，孔子作為知識分子，他一方面很佩服周公的制禮作樂，建立人文世界，一方面又佩服管仲的尊王攘夷，令中國人不致於披髮左衽。孔子又要求當時的士人，即知識分子，要負起保護和重建中國人文世界的責任。士，本來是武士，武士的責任是保衞社稷。

孔子認為當時禮樂制度崩壞是因為人僭越禮樂，所以孔子要人知道禮樂之本。禮樂之本就是人內心的仁德，所謂：「文勝質則野，質勝文則史。文質彬彬，然後君子。」孔子重視文，不是說重視禮樂的儀文，而是重視成就禮樂儀文的德性。這德性就是文之質。孔子重視文之質，重視德性，就是想挽救當時文制的毛病。孔子要人自覺自己內在的、人之所以為人的德性，令人自己先成為能夠被禮樂儀文依附的質地，才能成就真正有意義的禮樂儀文。所以在「人文」兩字之中，孔子是重視人多於表現在外的禮樂儀文。孔子要人自覺自己內在的、人之所以為人的德性，令人自己先成為能夠被禮樂儀文依附的質地，才能成就真正有意義的禮樂儀文。這才是孔子一生講學的精神所在，也是孔子人文思想的核心所在。孔子在整個周朝傳統的禮樂人文世界的底層，發現了一個人的純內心德性的世界。這個世界就是人文世界的基礎。孔子和他的弟子親身實踐，以德性互相勉勵，孔子師門就已形成一個人格世界。孔子和弟子反省討論德性問題，討論人格世界如何形成，後來的儒者，包括孟子、荀子、宋明理學家等，也加入討論德性和人格問題。這些討論形成的智慧，又會形成一個人文思想的世界。這個儒學的人文思想世界，意義和價值很廣遠，比孔子上論古人、作《春秋》、對時人作褒貶的活動，又更進一步。

（2）孟子的努力

孔子以後，孟子又把孔子的人文思想再推進一步。孟子的人文思想是要回答墨子對儒家的攻擊。孟子重新說明儒家禮樂和家庭倫理的價值。孟子之所以能夠說出這個價值，是因為孟子能夠肯定人的心性。孟子由人的心性要求來說明禮樂的表現。禮樂其實就是人心性不容已的表現。孟子又說到人性的仁愛流行的次序，是由近至遠。人人皆是親其親，長其長，最後可達到天下太平。孟子說的人性是天所賦予我的，由此而說盡心知性知天，把人道和天道貫通起來。所以中國儒家的人文思想，發展到孟子，就可以為孔子說的人文價值、內心德性找到一個既是先天的，又是純內在的人性基礎。儒家的人心性世界的存在，可以說是由孟子的反省自覺而加以樹立。

（3）荀子的努力

中國先秦的人文思想，孟子以後再進一步的發展，就是荀子的思想。荀子思想的重點是說明禮制。禮制其實是包括各文化的統類，所以荀子是說明人文世界的結構。孔子的重點是說明禮樂的本意，孟子的重點是說明禮樂的源頭，荀子說禮制，重點是說明禮樂制度的實效。所謂實效，就是要樹立起整幅的人文世界，令自然世界的天地、自然的人性，都可得到條理化。荀子在《王制篇》說：「天地生君子，君子理天地」，就是說自然世界的天地被人文世界的君子所主宰。這種說法是莊子以天為主宰的倒轉。莊子崇尚自然，不重視人文思想、人文世界。但後來的《中庸》、《易傳》、《樂記》等所說的天地的德性，禮樂的和諧秩序，都是以人文世界作為中心概念而說的。這正是用人文世界的概念來說明天地的價值意義。這就是先秦儒家人文思想的發展過程，通過人文世界，由人道而通天道。

（二）現代中國問題的來源

中國人文精神發展到現代，變成被重視現實物質的思想所主宰。現代人都以為政治經濟就是作為人類文化形態的決定原因。現代重視政治和市場經濟發展的思想正是如此。這樣就抹殺了政治經濟以外，其他人類文化的獨立性，否定了一切政治經濟以外的文化思想本身的真理價值，包括人格尊嚴、個性價值等等，甚至不把人當作人看待，人也只是一個物、一個人力資源、一個工具，只有工具價值。人類整幅的人文世界大部分都變得毫無意義了。

（1）清代的問題

現在的問題是，何以中國人的人文思想發展到現代，竟然會被反人文的思想征服呢？原因有政治性的，有軍事性的，有經濟性的，但更深層的，其實是文化學術思想的理由。從中國的文化思想發展來說，就是因為清代的學術文化中的人文精神沒有力量。因為清代學術思想太注重文字文物考據的枝節末項，清代學人太局限於書齋，這就是一種偏蔽。原本清代哲學重點是要人注重實際的民生日用，這個說法本來不錯。但清代哲學要反對宋明理學就錯了。宋明理學要人學做人，做一個頂天立地的人。而清代哲學則注重要人做事務。現代人的學術文化，都是要人學做事，可以求職賺錢，也是如此，只是比清代更重視個人利益。宋明理學的末流，變成

「無事袖手談心性」，這是毛病，是應該反對的。但真正第一流的宋明理學家，雖然不重視「做事」，實際上卻很能做事。清代哲學家反對宋明理學家提倡的心性之學，希望人能夠做事。但實際上，清代哲學家中，除了顏習齋外，其他都只是在書齋中著書。其實清代學者的做事精神反而不及宋明儒者。因為真正能夠做事的人，一定要先做人。清代中葉以後，曾國藩、羅澤南等比較能夠做事的人，正是因為他們的講學是以宋明理學精神為本。所以反對宋明理學的清代哲學和考證訓詁之學，表現出來就成為一股沒有力量的精神。因為清代學者只用心在人文的枝節末項和人生實際事務的枝節末項，沒有用心做工夫建立深厚的本源，結果就沒有力氣。回看現代都市人不正是只顧人生的事務枝節，而不是先學做人，不言心性之學嗎？這就是清代人文精神的流波，一直貫注到新文化運動，再到現在。

新文化運動的學者，很多仍然推崇清代學者，反對宋明理學。新文化運動推動的是整理國故的風氣，其實一直未脫離清代的瑣屑考證風氣。這個風氣一直沿至現在的研究中國文化的大學學者，大學學院中的中文系仍然是延續清代的考證風氣，但加上西方式的論文格式而已。這種人文精神當然抵擋不住崇尚物質的強大思想文化。所以清代這種有所偏的人文精神也是應該反對的。於是，重新看看先秦荀子如何建立全幅人文世界就有意義了。

（2）新文化運動的問題

至於新文化運動提倡的科學和民主自由，都是由西方文化輸入的，不是繼承清代精神而來。民主自由本來都是好的，但只說民主，而沒有人文人格的根基，也不能夠形成一個好的政治制度。就好像選民和候選人都是人文人格基礎不好的人，選出來的領袖也不會是理想的人。沒有人文世界的開展，民主制度也沒有堅實的基礎。所以新文化運動時，只是喊民主自由的口號，喊了一百年，中國人仍然開不出民主自由的政治。結果民主自由的口號，只成為新文化運動時破壞和打倒原有社會文化的力量。新文化運動時只有科學的口號，但不重視科學研究。只說科學方法、邏輯分析，用來批判傳統文化，威嚇中國傳統知識分子而已。所以民主和科學的口號不能幫助中國文化的發展，反而，民主和科學為中國文化變得物質化而開路，掃除傳統的障礙。這就是中國文化思想變得普遍重視物質的原因。

中國民族有數千歷史，中國人文精神的發展也有多次的曲折，最後被重視物質的文化征服，這就好像秦代被反人文的法家征服一樣。但人類文化的發展，從來是在艱難中奮鬥出來的，在迷惑中找出路的。所謂道高一尺，魔高一丈，文化的曲折起伏是尋常事，但魔高一丈，道也可以再高十丈。光明和黑暗是互相對照而發展的。道因為有魔對照就會加以發展，人知道這是黑暗時代，就表示知道光明快要來臨。人如果知道這是魔鬼的時代，人就會去追求道。一切反面的事物，都一定會被反對的。因為人性總是要向光明、向道而發展，這是人性的必然。所以中國人文精神發展在現代的不幸，並不是未來的不幸。正因為這發展的不幸，令中國人更加能夠反省到中國傳統人文精神的價值。這樣中國人才明白傳統人文精神的價值是甚麼，缺點是甚麼。於是，中國人就會發揮、保存傳統人文精神、人文世界的價值，並且會補足傳統人文精神缺乏的地方。由此而發展民主自由和科學，反而更能見到民主自由和科學的價值。由此而看，中國人文精神未來發展的前途是遠大的。所以這時回顧荀子的人文世界思想，就能讓人由中國傳統人文精神中，發展出真正的民主自由科學的中國。

中國傳統人文精神，周朝的禮樂精神，孔子重視的仁道，孟子重視的心性，荀子重視的人文世界主宰自然世界等，都可以互相融合，應該保存下來，重新為中國文化發出光輝。故而，荀子的人文世界精神，在現代社會是有重新表現的意義的。

(三) 荀子的人文世界

先秦時期，孔子說仁道，墨子說義道，孟子說興起人心志之道。而道家的田駢、彭蒙、慎到，說順應物勢之道，老子說法地法天之道，莊子說由生命心知而成為真人、至人、神人之道。而荀子所說之道和他們又有不同。荀子說的道屬於儒家傳統，但明顯又和孟子不同。孟子只注重人和禽獸的分別，但荀子同時說人和自然天地萬物的分別。《王制篇》云：

> 水火有氣而無生，草木有生而無知，禽獸有知而無義，人有氣、有生、有知、且亦有義，故最為天下貴也。

人的尊貴，是相對於一切自然天地萬物而見到。而人之所以尊貴，不似孟子的說法。孟子認為人之尊貴是由人和禽獸不同的主觀心性來說。但荀子是由人和自然天地萬物的不同而說，是由人的客觀的禮義而說。荀子所說的禮義，就是人文世界，人文統率各種文化而形成的道。人文能統率各種文化，表示人在自然世界之上，開出一個人文世界。這個人文世界，在人的自然生命和人所知的自然物之間，同時也是在自己與他人之間。這個人文世界也貫通古今，而有自己的歷史。所以說，荀子的人文統類形成之道，和孔子、孟子都不同。孔子只說自己與他人相處的倫理之道，孟子只說人怎樣自己興起自己的心志而做聖賢之道。荀子和老子、莊子就更加不同，老子說的是法天法地之道，莊子說的是人自己調理自己的心知生命而成為真人至人神人之道。荀子所說的，是用心於各種人與不同類自然事物的關係，人與各種類的人間事物的特殊關係，和古今歷史的變化。明白這些關係，然後才能夠知道怎樣形成人文統率各種類事物之道。這樣，荀子就可以說出，人在自然世界之外，其實開出了一個人文世界。而人文世界的形成，一方面要建立各種類的人倫關係，人要盡人倫。而另一方面，要令各種類人文可以互相限制，由此而互相配合，互相統率，互相成就，由此而盡人的文化制度。人能實踐制度，就成為政治。盡人倫，就可以成為聖人。盡文制，就可以成為王者。所以荀子說的盡倫盡制之道，就是聖王之道。墨子說聖和王，注重用力於公義，要興起天下人民的利益。孟子說「大而化之之謂聖」，能夠保衛人民，興起人民的人，就是王者。老子就認為聖人沒有常心，而以百姓之心為心的就是王。莊子說遊心於淡的聖人，是順物自然而沒有私心，這就是應帝王之道。諸子之中，只有墨子注重在事業上見到公義和對人民有利，其餘都是着重在內心上說道。但荀子說聖王，着重在盡倫盡制，要成就客觀的人文統類、人文世界，而不是着重在一件一件的具體事情。荀子也不只是着重說心，而是着重說心之知而貫通各類，由實踐而成就統類。荀子正是希望由此而令世界，由偏險悖亂而歸於正常之理、和平之治，成就人文世界所有具體的事業，令人的事業都合乎禮義，人就是天下最尊貴的。所以荀子《禮論篇》說：「禮者，人道之極也。」這就是荀子學說的特質。

（四）回應中國現代的問題

看中國人的現實問題。中國人近百年來，最重視的是政治和經濟這兩個文化範疇的價值，而忽略了其他人文文化的價值。我們注重政治組織和經濟成就，而忽略了其他人文文化的價值。但其實其他文化的價值並不下於政治和經濟，甚至是更重要的。

近百年來，中國人有一種習氣，就是只重視政黨或政府組織和經濟發展。這個觀念習氣的來源，是因為中國在這百多年來的遭遇。近百年來，中國人常常被人視為「一盤散沙」，甚至中國人自己也這麼認為。中國人覺得自己不似西方國家那樣有嚴密的組織，把人民組織起來，所以會有重視政府組織的習氣。中國人又覺得自己比西方國家貧窮，被人欺負。於是，想改善中國人的組織和經濟，這想法是對的。中國如果想要現代化，確是一定要建立一些組織。但中國人所缺乏的組織，主要是各種社會人文文化組織，而不是政府組織。中國政府組織的鬆散和沒有效率，正是因為缺乏其他社會人文文化組織。

社會人文文化組織可以培養出一個人正常的組織意識。政府組織的鬆散問題，就是因為沒有社會組織作為基礎，培養不出人正常的組織意識。而社會人文文化事業不發達，也會令社會人民和政府的關係減弱，造成政府組織的鬆散和沒有效率。但近一百年來的中國知識分子的觀念，卻是倒果為因，所以常常想直接由政府組織的嚴密化來想辦法，由此而形成現在越來越嚴密的政府組織。知識分子反而不願意先投身在各種社會人文文化事業之中，成就各種社會文化組織。

這條向政府組織而行的路是中國傳統知識分子所走的。方向是由政治到社會，由上到下，是傳統的舊路。這條路不是不可以走，今天也可以有少數知識分子走。政府本來就是可以幫助人民成就社會組織。但總不能全部聰明才智的知識分子都走政治這條路。如果全部人都這樣走，只重視政府組織，一定會令其他社會文化事業不能發達。因為這樣的社會，文化組織一定會受到政府的政見、政策、行政措施、人事關係桎梏。相信香港多數民間的文化團體也曾感受過，應會很清楚。這樣的社會，就算推行民主政治也始終不能夠有堅實的社會基礎，最後民主政治也會凋謝。而荀子之學開展的就是要肯定這些豐富的、多方面的人文世界。

看中國人近百年來的發展，民主自由的口號喊了百多年，依然未有理想的政治和國家。這是因為中國人想用來建構民主國家的思想基礎，主要是來自西方的思想。其中最重要的是個人、社會團體組織和國家這三個觀念的關係。西方文化能夠發展出民主政治，主要是因為有多元的社會組織在支持。西方文化是很重視社會組織的。古希臘羅馬時期，有嚴密的社會階級對峙。中古時期，有嚴密的宗教組織。到了近代，有多元的產業組織。這些社會組織都是根據抽象的普遍目標或人與人的類別觀念而形成的。所以西方現代社會很重視社會組織。但中國傳統一向缺乏西方式的、根據分類而來的組織，缺乏根據抽象共同信仰的宗教組織，缺乏追求共同利益的近代產業組織。這些組織總括都是以抽象共同目標為媒介而組織起來的。但中國哲學思想不重視抽象普遍和類別概念，所以不重視這些組織。直至近代中國遭到西方侵略，要發憤圖強，才開始重視現代產業組織和現代國家觀念。但因為中西文化背景不同，西方重視社會組織的觀念傳入中國之後，中國人其實也未能感興趣和了解，所以這些觀念的意義和性質也改變了。中國人建立民主社會和國家的複雜性，就是我們只襲取西方的思想，來解決中國的問題。我們一定要根據我們自己的思想，貫通國家、社會組織和個人的觀念，配合中國的人文精神，才可以解決中國現在的問題。而傳統儒家中，荀子就是最重視人文世界事業的，重視各種類的人文事業，重新發揚荀子的學說，在這裏就有時代意義了。

荀子成就人文統類之道，包括：天與人的關係、性善與性惡的關係、心與道的關係、知與行的關係、聖王之道、為學之道、政制之道、富國之道、君臣之道、強國之道、禮樂之道。本書將逐一加以介紹和討論。

勸學篇第一

本篇導讀——

荀子說學習，是說學習聖王之道。學聖王之道和我們一般學習萬物的知識不同，萬物的知識是人不能窮盡的，但聖王之道是人可以到達的，而且是人可以知道和可以實行的。人如果懂得對待自己和對待人的人倫關係，即是人在當下已到達這個聖王之道了，所以說人能自得自足。如果人時時能知道這個道，實行這個道，即是人隨時能達到和能停止，步步能自得自足。所以這也是人能自得自足之道。但自得自足不是說人實行聖王之道有一個特定的休息地方，也不是說以實行某一個特定的言行法規而自足。荀子說學習，是要能夠繼續進行而不停止，所以求學的人要令今日所學的比以前所學的更一進步，有所增益，才是聖王之道。

君子曰：學不可以已。青、取之於藍[1]，而青於藍；冰、水為之，而寒於水。木直中繩，輮以為輪[2]，其曲中規，雖有槁暴[3]，不復挺者，輮使之然也。故木受繩則直，金就礪則利，君子博學而日參省乎己[4]，則知明而行無過矣。

注釋

1 藍：即蓼藍，一年生草本植物，可提煉出深藍色染料。

2 輮：通「煣」，用火熏烤使木材彎曲。

3 有：通「又」。槁暴：槁，通「熇」，烤。暴，古曝字，曝曬。

4 參：檢驗。

譯文

君子說：學習是不可以停止的。青色的顏料是取自藍草的葉，而比藍草更加青綠。冰是由水變成的，而比水更寒冷。原本木材經繩墨校正，便是直的木材。但如果用火烘彎木材，作為輪子，彎曲度符合圓規的標準，即使木材再曝曬枯乾，也不再變回挺直，這就是因為用火烘過木材而令它變成這樣。所以木材經過繩墨校正便會挺直，刀劍用磨刀石磨過就會鋒利，而君子多方面學習，每日檢驗反省自己，就會智慧高明而沒有過失了。

賞析與點評

所謂藍草和水，不一定專指人性，也不一定專指人所跟從學習的老師，而只是指總有人先已知道，先已做過，先已學習。而青色顏料和冰，是比喻人繼承先人所知道，所實行，所學習的，進而再要求有所進益的學問。要求由學習而比先人進一步，這個要求自然包括跟從老師學習而知道古代先聖王的言行，再加以效法。再根據聖王言行，反省自己，變化自己原有的性，令自己有智慧和行為無過。這些比喻都是要求學的人令自己的生命和所知，變化到和聖王之道相同的意思。

學惡乎始[1]？惡乎終？曰：其數則始乎誦經[2]，終乎讀《禮》；其義則始乎為士，終乎為聖人。真積力久則入。學至乎沒而後止也[3]。故學數有終，若其義則不可須臾舍也。為之人也，舍之禽獸也。故《書》者、政事之紀也；《詩》者、中聲之所止也[4]；《禮》者、法之大分，類之綱紀也。故學至乎《禮》而止矣。夫是之謂道德之極。《禮》之敬文也，《樂》之中和也，《詩》《書》之博也，《春秋》之微

也[5]，在天地之間者畢矣。

注釋

1 惡（粵：烏；普：wū）：「惡乎」表疑問，如何，怎樣。
2 數：指學習的具體項目。
3 沒：通「歿」，死亡。
4 中聲：中和的聲音。
5 微：微言大義。

譯文

學習應怎樣開始？怎樣終結？答：學習的具體項目就是由讀六經開始，最後是讀《禮經》。學習的意義就是由做讀書人開始，最後是做聖人。真正累積工夫長久，才能進入其中，學習直到死才停止。所以學習的項目會學盡，但學習的意義就不可以有片刻離開。做學習的工夫，是人，放棄學習就是禽獸。所以要學習《尚書》，是政治事情的紀錄。《詩經》，是中和聲音的保存。《禮經》，是法制的重要成分，各類別項目的綱紀。所以學習要到《禮經》為止，這才是道德修為的極致。

《禮經》尊敬文制，《樂經》中正和諧，《詩經》、《尚書》內容博大，《春秋》微言大義，天地之間的道理都在六經之中了。

賞析與點評

荀子所說的聖王之道，其實就是成就各類文化的人文世界之道。故而《勸學篇》說要做「真積力久」的工夫，直至死為止。因此求學的工夫，是人在生之時無時無刻不在做的，沒有所謂停止。六經代表的就是人文世界中各個類別的內容，而其中最重要的是《禮經》。所以說荀子是最能肯定人文世界各類文化的思想家，而他所注重的也不只是經濟和政治，與現代文化潮流有所不同。

君子之學也，入乎耳，箸乎心[1]，布乎四體，形乎動靜。端而言[2]，蝡而動[3]，一可以為法則。小人之學也，入乎耳，出乎口；口耳之間，則四寸耳，曷足以美七尺之軀哉！古之學者為己，今之學者為人。君子之學也，以美其身；小人之學也，以為禽犢。故不問而告謂之傲[4]，問一而告二謂之囋[5]。傲、非也，囋、非也；君子如嚮矣[6]。

注釋

1 箸：通「著」，附着。

2 端：通「喘」，微言。

3 蝡：通「蠕」，微動。

4 傲：通「躁」，急躁。

5 囋：音「贊」，嘮叨。

6 嚮：回聲。

譯文

君子的學習，要把道理進入耳中，存在心中，散佈於手腳身體，表現成為動靜行為。君子微言一句，稍微一動，都可以成為效法的準則。小人的學習，把道理聽入耳中，就由口中出來，而口和耳之間，只不過四寸而已，怎能夠令七尺的身軀美善呢！古代的求學者，學習是為了修養自己，現在的求學者，學習是做給他人看。君子的學習是要令自己美善，小人的學習則把學問視為如禽畜的外在財物。所以那些別人沒有問就告訴自己曉得甚麼的人，就是急躁。那些別人問一件事，就告訴別人兩件事的人，就是嘮叨。急躁是錯的，嘮叨也是錯的，君子應該好像回聲應答別人才對。

賞析與點評

荀子提出了學習的目的有為人和為己的分別，學習是為了修養自己，還是為了讓人看呢？現代人學習學問，很多時候就是為了讓人看見自己懂得甚麼知識，有甚麼才能，以便謀得一份好工作。所以一定要有學位、文憑、證書等證明自己已學到了甚麼知識，這不就是「求學為人」嗎？沒有證書，只為修養自己的學問，便無人問津了。荀子說的分別，不是當頭棒喝嗎？

學莫便乎近其人。《禮》《樂》法而不說，《詩》《書》故而不切，《春秋》約而不速。方其人之習君子之說[1]，則尊以遍矣，周於世矣。故曰：學莫便乎近其人。

注釋

1 方：通「仿」，仿效。

譯文

學習沒有比接近良師更方便的方法。《禮經》、《樂經》記載法制法度而沒有詳細說明，《詩經》、《尚書》記載往事而不近切現在，《春秋》文辭簡約而不容易迅速明白。仿效良師而學習君子的學說，就能做到德行尊崇和認識廣博了。所以說：學習沒有比接近良師更方便的方法。

賞析與點評

荀子固然重視經典的知識，但他更重視老師的教導。聖人之道，是人格的教育、生命的教育。所以具體的生命傳生命，才是最直接真實的教導，這是由孔子而來的教學方法。荀子重視的各類人文世界的知識，也是要由老師來傳授，不是由政治、經濟來改變。所以文化是由師道傳承，而非由政治經濟推動。由文化傳承而言，師道傳統遠比政治經濟因素重要得多。

學之經莫速乎好其人[1]，隆禮次之。上不能好其人，下不能隆禮，安特將學雜識志，順《詩》《書》而已耳。則末世窮年，不免為陋儒而已。將原先王，本仁義，則禮正其經緯蹊徑也。若挈裘領，詘五指而頓之[2]，順者不可勝數也。不道禮憲，

以《詩》《書》為之，譬之猶以指測河也，以戈舂黍也，以錐餐壺也，不可以得之矣。故隆禮，雖未明，法士也；不隆禮，雖察辯，散儒也。

注釋

1 經：通「徑」。

2 詘：通「屈」，彎曲。頓：上下抖動。

譯文

學習的途徑沒有比慕悅良師更快速的，其次才是尊崇禮法。如果向上不能慕悅良師，向下不能尊崇禮法，只不過是學懂了雜學知識，讀順了《詩經》、《尚書》而已。這樣直至年老將死，也不免只是一個淺陋的讀書人而已。如果要追尋古代聖王和仁義的本源，學習禮法正是必要經過的大小道路。學習禮法就好像提起皮裘的衣領，只要屈起五隻手指，抖動衣服，不可勝數的皮毛就能理順。不說禮法，只跟《詩經》、《尚書》而做，就好像比喻為用手指測量河流，用長戈來舂搗黍子，用錐子在飯壺中吃飯，都是不可以成功的。所以能夠尊崇禮法，雖然未必完全明白禮法的意義，但最少是一個尊崇禮法的讀書人。如果不尊崇禮法，即使明察善辯，也只是一個散亂的書生而已。

賞析與點評

荀子重視禮，認為人要學習禮，禮能統貫起各類人倫關係，所以禮就是所有學問的綱領，即讀書不只是學知識，而是學做人。如果失去了讀書的原本意義，即使是熟讀經典、知識豐富的學者，仍只不過是淺陋的讀書人。現代的讀書人如果只追求專門實用的知識豐富，便是失去了綱領，未找到荀子說的讀書最重要的意義。

百發失一，不足謂善射；千里跬步不至[1]，不足謂善御；倫類不通，仁義不一，不足謂善學。學也者，固學一之也。一出焉，一入焉，涂巷之人也[2]；其善者少，不善者多，桀紂盜跖也[3]；全之盡之，然後學者也。

注釋

1 跬步：跬，行走時的步幅，即一步。步，左右腳各走一次，即兩步。

2 涂：通「途」。

3 桀紂盜跖：桀，夏朝的暴君。紂，商朝的暴君。盜跖，春秋時傳説中的大盜。

譯文

射一百支箭，有一支不中，就不足以叫做善於射箭。駕車千里，有一兩步未到達，也不足以叫做善於駕御。人倫類別不能貫通，仁義不能貫通為一，就不能叫做善於學習。學習，就是要學貫通為一。學習時，一時離開，一時進入，是一般途人的學習而已。由此而學到善的行為少，不善的行為多，就成為桀紂或盜跖了。如果能夠完全盡善，才是真正善於學習的人。

君子知夫不全不粹之不足以為美也，故誦數以貫之，思索以通之，為其人以處之，除其害者以持養之。使目非是無欲見也[1]，使耳非是無欲聞也，使口非是無欲言也，使心非是無欲慮也。及至其致好之也，目好之五色，耳好之五聲，口好之五味，心利之有天下[2]。是故權利不能傾也，群眾不能移也，天下不能蕩也。生乎由是，死乎由是，夫是之謂德操。德操然後能定，能定然後能應。能定能應，夫是之謂成人。天見其明，地見其光[3]，君子貴其全也。

注釋

1 非是：不正確的。

2 利：貪。

3 光：通「廣」。

譯文

君子知道，學習不完全不純粹，就不足以叫做美善。所以要由誦讀多個經典而貫通，由思索而貫通，效法良師的為人而相處，除去有害的習慣，保持培養良好的德性。令眼睛，不正確的不想看見；令耳朵，不正確的不想聽見；令嘴巴，不正確的不想說出；令人心，不正確的不想思慮。到了自己已經極為愛好禮義時，就好像眼睛愛好五色色彩，耳朵愛好五聲音樂，嘴巴愛好五味味道，人心擁有天下一樣。這時，權利不能令人傾倒，群眾也不能令人心意移動，整個天下也不能令人動搖。生存時由禮義而行，死亡也是因為禮義，這就叫做道德情操。有道德情操，人才能夠安定，能安定，人才能回應不同際遇。能夠安定和回應，就叫做成人。天可見到光明，地可見到廣濶，君子的可貴在於完全的德性。

賞析與點評

可見荀子說學習，是要學習六經，六經中特別重視禮，最後又歸於跟從老師。學習向外貫通人倫類別，向內自備德性，是要完成學習完全的德性，即是聖人之學。禮是各種人倫關係的統貫，要合乎人情的仁，又要有分別事情的義。所以學禮可以統一仁義。學習又要接近有仁義的人，作為老師，才能成為真正君子。學習到最後為成人，那時就不是外力能動搖的，好像孔子的「匹夫不可奪志」，孟子的「富貴不能淫，貧賤不能移，威武不能屈」。這就是荀子的純粹的學習，非今天只求職業知識的學習可同日而語。

修身篇第二

本篇導讀——

荀子《勸學篇》說學習是要求有所增益，假借外在的學問而成就內在的德性。由此可見荀子在《修身篇》說的修身之道，和孟子也有不同。孟子教人要自覺自己有四端之心，要自己加以擴充，是自己內心的工夫，不求之於外。但荀子就教人看見他人的行為而反省自己，進而要求自己修身，是可以由外在事物而做修身工夫的。

見善，修然必以自存也；見不善，愀然[1]必以自省也。善在身，介然必以自好也；不善在身，菑[2]然必以自惡也。故非我而當者，吾師也；是我而當者，吾友也；諂諛我者，吾賊也。故君子隆師而親友，以致惡其賊。好善無厭，受諫而能誡，雖欲無進，得乎哉！小人反是：致亂而惡人之非己也；致不肖而欲人之賢己也；心如虎狼，行如禽獸，而又惡人之賊己也。諂諛者親，諫諍者疏，修正為笑，至忠為賊，雖欲無滅亡，得乎哉！《詩》曰：「噏噏[3]呰呰[4]，亦孔[5]之哀。謀之其臧，則具是違；謀之不臧，則具是依。」此之謂也。

注釋

1 愀（粵：悄；普：qiǎo）然：憂懼。

2 菑：通「災」，災害。

3 噏噏：通「吸吸」，吸取。

4 呰呰：通「訾訾」，詆譭。

5 孔：很。

譯文

看見別人善的行為，一定會認為這個善行值得修養而把這善行自我保存起來。看見不善的行為，一定會心懷憂懼地自我反省。善的行為在自己身上，一定會堅定地自我愛好，不善的行為在自己身上，一定會認為是災害而自己厭惡這些不善行為。所以，正當地指出我錯誤的人，是我的老師；正當地指出我對的人，是我的朋友；阿諛奉承我的人，是害我的盜賊。所以君子尊崇老師而親近朋友，對盜賊則非常厭惡。愛好善良而不會滿足，受到勸諫就能夠警誡自己，即使想沒有進步，可以嗎？小人則相反，自己非常混亂而厭惡別人指出自己的不對。自己非常無能而想別人說自己賢能。心意好像虎狼，行為好像禽獸，但又厭惡別人說自己是盜賊。親近阿諛奉承的人，疏遠諍諫的人，把修正自己的話視為譏笑，把最忠誠的人視為盜賊，即使想不滅亡，可以嗎？《詩經》說：「亂吸取詆譭，實在很悲哀。謀劃美好的，全都違背了，謀劃不好的，則全都依從。」就是說這些小人。

賞析與點評

荀子要人自己反省當下的自己，作為修身之道。要就別人對我的是非譭譽，做修身工夫。即是說要懂得就別人的善惡來反省自己。現代都市人非常重視別人的譭譽，這就是好名的根源。我們又是否能以荀子的態度來對待別人的譭譽呢？

扁[1]善之度，以治氣養生，則後彭祖[2]；以修身自強，則配堯禹。宜於時通，利以處窮，禮信是也。凡用血氣、志意、知慮，由禮則治通，不由禮則勃亂提僈[3]；食飲、衣服、居處、動靜，由禮則和節，不由禮則觸陷生疾；容貌、態度、進退、趨行，由禮則雅，不由禮則夷固、僻違、庸眾而野。故人無禮則不生，事無禮則不成，國家無禮則不寧。《詩》曰：「禮儀卒[4]度，笑語卒獲。」此之謂也。

注釋

1 扁：通「遍」。

2 彭祖：古代長壽的人，傳說活了八百歲。

3 勃：通「悖」。提：通「偍」，舒緩。僈：同「慢」。

4 卒：盡。

譯文

如果做到完全善的法度，可以治理身體之氣和養生，甚至長壽到可以僅次於彭祖。如果用修養自身來自強，就可以媲美聖王堯禹。適宜於通達時勢，又有利於處身窮困，相信就是禮了。凡是使用身體血氣、意志和思慮時，由禮義而行，就可以治理通達，如果不由禮義而行，就會悖亂怠慢。飲食、衣着、生活起居、動靜行為，如果都由禮義而行，就能和順有節制，如果不是由禮義而行，就會觸犯毛病而生病。容貌、態度、進退、行走，由禮義而行便是文雅，不由禮義而行便是鄙陋、邪僻、庸俗而粗野。所以人沒有禮義不能生活，事情沒有禮義不能完成，國家沒有禮義不能安寧。《詩經》說：「如果禮義完全合乎法度，就可以完全獲得歡笑。」就是這個意思了。

賞析與點評

荀子認為治氣養生之道，不外就是令自己的血氣、志氣、智慮、飲食、衣服、居處、動靜、容貌、態度、進退、趨行，都合乎禮而要自己改正，這很明顯是一套繁密的修身工夫。所以荀子說的學習，不只是知識，而是要具體實踐的修身工夫。也見到禮不是做給人看的，而是修養自己的工夫。

以善先人者謂之教，以善和人者謂之順；以不善先人者謂之諂，以不善和人者謂之諛。是是非非謂之知，非是是非謂之愚。傷良曰讒，害良曰賊。是謂是，非謂非曰直。竊貨曰盜，匿行曰詐，易言曰誕。趣舍無定謂之無常。保利棄義謂之至賊。多聞曰博，少聞曰淺。多見曰閑[1]，少見曰陋。難進曰偍，易忘曰漏。少而理曰治，多而亂曰秏[2]。

注釋

1 閑：同「僩」，寬大廣博。

2 秏：同「眊」，昏亂不明。

譯文

用善行引導人叫做教導，用善行與人和諧相處叫做和順。用不善引導人叫做諂媚，用不善來附和人叫做阿諛。對的就贊成，錯的就反對，叫做知道，反對正確的，贊成錯誤的，叫做愚蠢。中傷賢良人的叫做讒言，陷害賢良的人叫做賊害。對的就說對，錯的就說錯，叫做正直。偷竊財物叫做盜賊，匿藏行徑叫做欺詐，輕易亂說叫做荒誕。取捨不定叫做無常。為了保存利益而放棄禮義，叫做極致的大賊。多聽聞叫做淵博，少聽聞叫做淺薄。多看見叫做寬廣，少看見叫做鄙陋。難前進叫做緩慢，容易忘記叫做遺漏。少做事而有條理叫做治理，多做事而混亂叫做昏亂。

賞析與點評

荀子說人運用善和不善對人時，對人就有教、順、諂、諛的分別，而對人善和不善有不同態度，就有知、愚、讒、賊、直、詐、誕的分別。這些都是高一層次的道德和不道德的區分。

治氣養心之術：血氣剛強，則柔之以調和；知慮漸深[1]，則一之以易良；勇膽猛戾，則輔之以道順；齊給便利[2]，則節之以動止；狹隘褊小，則廓之以廣大；卑溼重遲貪利，則抗[3]之以高志；庸眾駑散，則刦之以師友；怠慢僄[4]棄，則炤[5]之以禍災；愚款端慤[6]，則合之以禮樂，通之以思索。凡治氣養心之術，莫徑由禮，莫要得師，莫神一好。夫是之謂治氣養心之術也。

注釋

1 知：通「智」。漸：通「潛」。

2 齊給便利：都是敏捷快速的意思。

3 抗：提高。

4 僄（粵：票；普：piào）：輕薄，輕浮。

5 炤：通「昭」，明白。

6 愨（粵：確；普：què）：意為謹慎、誠實。

譯文

治理身體之氣和培養人心的方法是：如果是血氣剛強的，就用調和態度來柔化他。思慮深沉的，就用簡易善良來同化他。勇敢暴戾的，就用順從道理來輔助他。行動敏捷急速的，就用動作靜止來節制他。心胸狹隘氣量小的，就用廣大氣量來廓充他。卑下遲緩貪利的，就用高大志向提高他。平庸散漫的，就由師友來管教他。怠慢輕浮自棄的，就用災禍來令他明白。愚鈍樸實端莊拘謹的，就用禮樂來配合他，用思索來令他通達。凡是治理身體之氣和培養人心的方法，沒有比由禮義入手更直接的，沒有比得到老師更重要的，沒有比一心愛好禮義更神妙的。這就叫做治理身體之氣和培養人心的方法了。

賞析與點評

荀子又説治氣養心之術，是要變化氣質，而最好是由禮義和老師身上來學習。

志意修則驕富貴，道義重則輕王公；內省而外物輕矣。傳曰：「君子役物，小人役於物。」此之謂矣。身勞而心安，為之；利少而義多，為之；事亂君而通，不如事窮君而順焉。故良農不為水旱不耕，良賈不為折閱[1]不市，士君子不為貧窮怠乎道。

注釋

1 折：虧損。閱：賣。

譯文

修養好人的意志，就能夠傲視富貴。注重道義，就能夠輕看君王諸侯。能夠內在自我反省，就覺得外物很不重要了。古書說：「君子役使事物，小人被事物役使。」就是這個意思了。身體勞累但心中安樂的事，應該做；利益少但公義多的事，應該做；侍奉昏亂君主而顯達，不如侍奉窮困君主而順行道義。所以優良的農夫不會因為水旱而不耕作，優良的商人不會因為虧損而不做買賣，讀書人君子不會因為貧窮而怠慢行道。

賞析與點評

荀子認為君子能夠輕視外物、富貴、名位，就是要做修養意志和重視道義的工夫。

體恭敬而心忠信，術[1]禮義而情愛人；橫行天下，雖困四夷，人莫不貴。勞苦之事則爭先，饒樂之事則能讓，端慤誠信，拘守而詳；橫行天下，雖困四夷，人莫不任。體倨固而心執[2]詐，術順墨[3]而精雜汙；橫行天下，雖達四方，人莫不賤。勞苦之事則偷儒[4]轉脫，饒樂之事則佞兑[5]而不曲，辟違[6]而不慤，程役而不錄[7]：橫行天下，雖達四方，人莫不棄。

注釋

1 術：通「述」，遵循。

2 執：應是勢，謀略，引申為狡詐。

3 順墨：順，應是「慎」，指慎到，戰國時道家思想家。墨，墨子。

4 儒：通「懦」，怕事，懶惰。

5 佞：好口才。兌：通「鋭」，鋭利，也是好口才。

6 辟：通「僻」，邪惡。違：邪惡。

7 程役：通「逞欲」。錄：檢束。

譯文

身體恭敬而內心有忠信，遵循禮義而感情是愛人的，橫行天下，雖然會被四方夷族圍困，但沒有人不尊崇他。遇到勞苦的事會爭先而做，遇到享樂的事能夠讓給他人，端莊謹慎誠信，謹守而明白禮義，橫行天下，雖然會被四方夷族圍困，但沒有人不信任他。身體傲倨固執而內心狡詐，遵從慎到墨子而精神雜亂汙穢，橫行天下，雖然顯達四方，但沒有人不賤視他。遇到勞苦的事，就偷懶轉身逃脱，遇到享樂的事，就口快不轉彎地直接爭取，邪惡而不謹慎，放縱慾望而不檢束，橫行天下，雖然顯達四方，但沒有人不離棄他。

賞析與點評

如果做到身體外貌和內心都合乎禮義，就能行於天下四方。

君子之求利也略，其遠害也早，其避辱也懼，其行道理也勇。君子貧窮而志廣，富貴而體恭，安燕[1]而血氣不惰，勞倦而容貌不枯，怒不過奪，喜不過予。君子貧窮而志廣，隆仁也；富貴而體恭，殺埶[2]也；安燕而血氣不惰，柬理也；勞倦而容貌不枯，好交[3]也；怒不過奪，喜不過予，是法勝私也。《書》曰：「無[4]有作好，遵王之道。無有作惡，遵王之路。」此言君子之能以公義勝私慾也。

注釋

1 燕：通「宴」，安逸。

2 殺：減少。埶：同「勢」。

3 交：應作「文」，文雅。

4 無：通「毋」，不。

譯文

君子追求利益會有所忽略，但很早就會遠離禍害。君子會惶恐地避開恥辱，但實行禮義的道理則很勇敢。君子即使貧窮也志氣廣遠，即使富貴也會身體恭敬，即使安逸，血氣也不會怠惰，即使勞累，容貌也不會乾枯，即使發怒，也不會過分剝奪別人，即使喜樂，也不會過分給予別人。君子貧窮而志氣廣遠，因為尊崇仁德；富貴而身體恭敬，因為要減弱威勢；安逸而血氣不衰，因為揀選了跟從理；勞累而容貌不乾枯，因為愛好文雅；發怒而不過分剝奪，喜樂不會過分給予，就是禮法勝過私慾。《尚書》說：「不要有私人的愛好，要遵行聖王之道。不要有私人的厭惡，要遵行聖王之路。」這是說君子能夠用公義勝過私慾。

賞析與點評

《修身篇》最後說君子貧窮而志廣，富貴而體恭，安逸而血氣不惰，勞倦而容貌不枯，可見君子的尊崇仁義而減殺威勢，以公義勝私慾。這就是君子修身工夫所成就的德性，表現在客觀社會之中。可見荀子所說不只個人內心修德，也會肯定客觀社會的表現，但不是追求權勢、名位、富貴，和現代社會所注重的成就價值不同。

不茍篇第三

本篇導讀——

荀子認為君子對於自己的言行如何選擇，如何權衡是非利害，表現在客觀世界中，是要和世人或小人有所不同的。但不是直接標奇立異，只求出名。注重區別是非，權衡利害，原本是墨家所要求的，但墨家的目的是要建立天下的公義，追求天下的公利，去除天下的公害，目的和荀子不同。《不苟篇》目的是要人在區別權衡是非利害之間，令自己成為君子，而在客觀世界之中又有君子的表現。荀子說不以不正當但難得的才能為可貴，不以不正當但明察的學說為可貴，不因此而標奇立異。這說法就和道家的陳仲、史鰌、惠施、鄧析等人要求言行異於世人有所不同。道家很多人物都要求由世間隱退，和世俗人不同。荀子說的君子由一開始就不是要求言行和世人不同，而是要有和世俗人不同的德行，所以荀子和道家之徒不同。

君子行不貴苟[1]難，說不貴苟察，名不貴苟傳，唯其當之為貴。故懷負石而投河，是行之難為者也，而申徒狄[2]能之；然而君子不貴者，非禮義之中也。「山淵平」，「天地比」，「齊秦襲」，「入乎耳，出乎口」，「鉤有須」，「卵有毛」[3]，是說之難持者也，而惠施鄧析[4]能之。然而君子不貴者，非禮義之中也。盜跖吟口[5]，名聲若日月，與舜禹俱傳而不息；然而君子不貴者，非禮義之中也。故曰：君子行不貴苟難，說不貴苟察，名不貴苟傳，唯其當之為貴。《詩》曰：「物其有矣，唯其時矣。」此之謂也。

注釋

1 苟：苟且，不正當。

2 申徒狄：商朝人，因為道之不行，而抱石投河自殺。

3 山淵平，天地比，齊秦襲，入乎耳，出乎口，鉤有須，卵有毛：都是名家在概念上標奇立異的說法。比，相等。襲，連合。鉤，通「姁」，婦女。

4 惠施鄧析：二人皆為春秋戰國時名家人物。

5 吟口：說於眾人之口。

譯文

君子對於不正當但難得的行為並不認為尊貴，對於不正當但能明察的學說並不認為尊貴，對不正當但流傳的名聲並不認為尊貴，只把正當的視為尊貴。所以雖然懷抱石頭而投河自殺，是很難做到的行為，而申徒狄能夠做到，但君子不認為是尊貴的，因為不是在禮義之中。高山和深淵相等，天和地相等，齊國和秦國相連，由耳朵進入，由嘴巴出，女子有鬚，蛋有毛，都是很難把握的學說，而惠施和鄧析能夠把握，但君子並不認為尊貴，因為不是在禮義之中。眾人口中都會說盜跖，盜跖的名聲好像日月，盜跖的名字和舜帝禹帝的名字一起流傳不息。但君子不尊貴盜跖，因為不在禮義之中。所以說君子對於不正當但難得的行為並不認為尊貴，對於不正當但明察的學說並不認為尊貴，對於不正當但流傳的名聲並不認為尊貴，只把正當的視為尊貴。《詩經》說：「事物已經有了，但要在適當時候。」就是這個意思了。

賞析與點評

荀子並不認為明察有辯才，或者能人所不能的人，就能做君子。君子並不認為這些與眾不同而著名的人是尊貴的。可見荀子重視的不只是能力，更重視德行。這不是很值得我們注重訓

君子能亦好，不能亦好；小人能亦醜，不能亦醜。君子能則寬容易直以開道人，不能則恭敬繜絀以畏事人；小人能則倨傲僻違以驕溢人，不能則妒嫉怨誹以傾覆人。故曰：君子能則人榮學焉，不能則人樂告之；小人能則人賤學焉，不能則人羞告之。是君子小人之分也。

譯文

君子有才能是美好的，沒有才能也是美好的；小人有才能是醜惡的，沒有才能也是醜惡的。君子有才能就會寬容平易正直地開導別人，沒有才能就會恭敬謙遜地以敬畏侍奉別人。小人有才能就會傲倨邪僻違理地以驕氣淩駕別人，沒有才能就會嫉妒怨恨誹謗以傾覆別人；所以說：君子有才能，別人學習他也覺光榮，沒有才能，別人也會樂於告訴他應怎樣做；小人有才能，別人學習他也覺卑賤，沒有才能，別人也恥於告訴他怎樣做。這就是君子小人的分別了。

賞析與點評

君子也會是平凡的，小人也會有能幹的，荀子認為君子小人的分別，不是有才能與否。可見荀子重視德性的價值高於才能的價值。

君子崇人之德，揚人之美，非諂諛也；正義[1]直指，舉人之過，非毀疵也；言己之光美，擬於舜禹，參[2]於天地，非夸誕也；與時屈伸，柔從若蒲葦，非懾怯也；剛強猛毅，靡[3]所不信[4]，非驕暴也；以義變應，知當曲直故也。詩曰：「左之左之，君子宜之；右之右之，君子有之。」此言君子能以義屈信變應故也。

注釋

1 義：通「議」。
2 參：並列。
3 靡：無。
4 信：通「伸」。

譯文

君子尊崇別人的德行，讚揚別人的美德，並不是諂諛別人。君子正義地議論，正直地指出，舉出別人的過錯，並不是要詆譭別人。君子說自己的光輝美德，可以比擬舜禹，和天地並列，並不是誇張荒誕。君子隨時勢屈伸，柔弱順從的時候好像蒲葦草，並不是懦弱膽怯，剛強勇猛堅毅時，沒有不伸直的，並不是驕橫暴躁。而是因正義而應變，知道恰當時候要有曲直的緣故。《詩經》說：「應該左就在左，君子適宜在左，應該右就在右，君子有時在右。」這是說君子因正義而屈伸應變的緣故。

賞析與點評

荀子認為君子應有所為，有所不為。而所為的有些好像錯的，其實是對的。君子是要能因時勢而應變的。所以君子不是死守一些道德規條，不加變通的頑固分子。

君子小人之反也：君子大心則敬天而道，小心則畏義而節；知則明通而類，愚則端愨而法；見由則恭而止，見閉則敬而齊；喜則和而理，憂則靜而理；通則文而明，窮則約而詳。小人則不然：大心則慢而暴，小心則淫而傾；知則攫[1]盜而漸，愚則毒賊而亂；見由則兌[2]而倨，見閉則怨而險；喜則輕而翾[3]，憂則挫而懾；通則驕而偏，窮則棄而儑[4]。傳曰：「君子兩進，小人兩廢。」此之謂也。

注釋

1 攫：強奪。

2 兌：通「悅」。

3 翾（粵：喧；普：xuān）：通「懁」，急。

4 儑：人格卑下。

譯文

君子是小人的相反。君子擴大仁心，就會尊敬天而行道，即使小小的仁心也會敬畏禮義而加以節制。君子有智慧的就會貫通各類，愚鈍的也會端正拘謹而合乎法度。君子如果被起用就會恭敬而不放縱，不被起用就會恭敬而整齊自己。君子如果喜樂就會和諧而有條理，憂慮就會安靜而整理自己。君子如果顯達就會實行文制而推廣，窮困就會簡約生活而詳細研究道理。小人就不是這樣，心意擴大就會傲慢而暴躁，心意細小就會淫邪而偏側。小人有智慧的就會搶奪偷盜而有計劃，愚鈍的就會惡毒殘忍而混亂。小人如果被起用就會喜悅而傲倨，不被起用就會怨恨而險惡。如果歡喜就會輕浮而急躁，憂慮就會感到受挫而膽怯。小人如果顯達就會驕傲而偏側，窮困就會放棄而走向卑下。古書說：「君子在兩種情況下都會進步，小人在兩種情況下都會墮落。」就是這個意思。

賞析與點評

君子是小人的相反。不同情況君子會作出適當的應變，表現的是道德價值，和小人表現的個人利益價值是不同的。

君子治治，非治亂也。曷謂邪？曰：禮義之謂治，非禮義之謂亂也。故君子者，治禮義者也，非治非禮義者也。然則國亂將弗治與？曰：國亂而治之者，非案[1]亂而治之之謂也。去亂而被之以治。人汙而修之者，非案汙而修之之謂也，去汙而易之以修。故去亂而非治亂也，去汙而非修汙也。治之為名，猶曰君子為治而不為亂，為修而不為汙也。

注釋

1 案：通「按」，根據。

譯文

君子治理應治理的國家，不治理混亂的國家。這是甚麼意思呢？答：有禮義的國家叫做治理的國家，違反禮義的國家叫做混亂的國家。而君子是治理禮義的人，不是治理違反禮義的人。但如果國家混亂就不治理嗎？答：國家混亂而治理，不是根據混亂而治理的意思，而是要去除混亂而加以治理。人汙濁而加以修養，不是根據汙濁而修養的意思，是要去除汙濁而加以修養改變。所以君子是去除混亂而不是治理混亂，去除汙濁而不是修養汙濁。治理的名稱，就是說君子做的是治理而不是混亂，做修養而不做汙濁。

賞析與點評

荀子認為治理國家是要令人民生活有條理，這就要由最根本的道德修養做起，才可以去除汙濁混亂，而不是只用武力禁止混亂就叫做治理。

君子養心莫善於誠，致誠則無它事矣。唯仁之為守，唯義之為行。誠心守仁則形，形則神，神則能化矣。誠心行義則理，理則明，明則能變矣。變化代興，謂之天德。天不言而人推高焉，地不言而人推厚焉，四時不言而百姓期焉。夫此有常，以至其誠者也。君子至德，嘿[1]然而喻，未施而親，不怒而威：夫此順命，以慎其獨者也。善之為道者，不誠則不獨，不獨則不形，不形則雖作於心，見於色，出於言，民猶若[2]未從也；雖從必疑。天地為大矣，不誠則不能化萬物；聖人為知矣，不誠則不能化萬民；父子為親矣，不誠則疏；君上為尊矣，不誠則卑。夫誠者，君子之所守也，而政事之本也，唯所居以其類至。操之則得之，舍之則失之。操而得之則輕，輕則獨行，獨行而不舍，則濟[3]矣。濟而材盡，長遷而不反其初，則化矣。

注釋

1 嘿：同「默」。

2 若：然。

3 濟：完成。

譯文

君子要修養仁心，沒有比真誠更好的做法，做到真誠就沒有其他事做了。只要守住仁心，只要實行禮義。以真誠的心守住仁心就會把仁心表現出來，仁心表現出來就是神妙，神妙就能化育萬物。真誠的心實行禮義就有條理，有條理就會光明，有光明就能變化萬物。變化萬物輪流興起，叫做天德。天不說話，而人會把天推崇為高，地不說話，而人會把地推崇為厚，四季不說話，而百姓都知道四季的時節。這些表現都有常道，因為人有真誠的心。君子有極致的德行，所以不說話而別人明白，沒有施予而別人會親近，沒有發怒而會有威嚴。這就是順從天命，因為君子一個人的時候會謹慎。善良而實踐天道的人，不真誠就不會謹慎個人，不謹慎個人就不會表現出來。如果不表現出來，雖然心中有意念，表現在臉色上，表現在言語上，但人民仍然會不跟從。即使跟從，也一定會有疑慮。天地那麼大，不真誠就不能化育萬物。聖人那麼有智慧，不真誠就不能化育萬民。父子那麼親，不真誠就會疏離。君主那麼尊貴，不真誠就會變成卑下。所以真誠，是君子所持守的，是治理政事的根本，只有居於真誠，同類才會來到。要有真誠，實踐就得到，捨棄就會失去。實踐而得到真誠就感覺容易，感覺容易就會謹慎個人行為，謹慎個人行為而不放棄，就能完成實踐了。實踐真誠完成，就能夠發揮才能，可以長期離開惡習而不會返回初時的習性，這樣就能夠教化萬民了。

賞析與點評

這段文字專門說君子養心，最重要是誠。這是儒家的共同義理，後來宋明理學的學說也是說這個誠。誠的工夫修養得好，可以貫通天道和人道，荀子這裏已有說明。

欲惡取舍之權[1]：見其可欲也，則必前後慮其可惡也者；見其可利也，則必前後慮其可害也者，而兼權之，孰[2]計之，然後定其欲惡取舍。如是則常不失陷矣。凡人之患，偏傷之也。見其可欲也，則不慮其可惡也者；見其可利也，則不慮其可害也者。是以動則必陷，為則必辱，是偏傷之患也。

注釋

1 權：權衡。

2 孰：同「熟」。

譯文

追求和厭惡、爭取和放棄的權衡是下面這樣的：看見想追求的事物，一定會前後思慮它有沒有可厭惡的地方。看見有利的事物，一定會前後思慮它有沒有害處。同時權衡兩者，深思熟慮，然後才決定追求或厭惡、爭取或放棄。這樣就會時常不失陷在物慾之中。一般人的禍患，在於偏側而有所傷害。看見想追求的事物，不思慮它可厭惡的地方。看見有利的事物，不思慮它的害處。所以有活動就一定失陷，有作為就一定受辱，這就是偏側傷害的禍患。

賞析與點評

這是總結君子在言行的選擇取捨，權衡是非利害，而表現在客觀世界之中時，要深思熟慮才不會有所偏側。

榮辱篇第四

本篇導讀——

榮辱的問題關連到別人對我的是非、毀譽和世間的利害、得失而言，是人生中不能避免的問題。孔子說：君子求諸己，小人求諸人。又說：不義而富且貴，於我如浮雲，都是說人不可以太過重視世間的榮辱。《榮辱篇》專門就人追求榮譽、厭惡恥辱來說。君子追求的是禮義的榮譽，但也常常可以引致時勢的榮譽，以致兩種榮譽都可得到，這就合乎道。小人只追求時勢的榮譽，不避開禮義的恥辱，而禮義的恥辱又常常引致時勢的恥辱，所以禮義和時勢兩者的榮譽都不可得到，這就不合乎道。而君子追求禮義的榮譽之道，最後的目的是為了天下萬民。所以說荀子的榮辱之道，可以貫通中國古今儒家的治道。

憍泄[1]者，人之殃也；恭儉者，偋[2]五兵也。雖有戈矛之刺，不如恭儉之利也。故與人善言，煖於布帛；傷人之言，深於矛戟。故薄薄[3]之地，不得履之，非地不安也，危[4]足無所履者，凡在言也。巨涂則讓[5]，小涂則殆，雖欲不謹，若云不使。

注釋

1 憍：通「驕」，自高自大。泄：通「媟」，輕慢。
2 偋：通「屏」，去除。
3 薄薄：磅礴。
4 危：高。
5 涂：通「途」。讓：通「攘」，擁擠。

譯文

驕傲輕慢，是人的害殃；恭敬謙虛，可以摒除兵戰之禍。雖然有戈和矛的利刺，但都不及恭敬和謙虛有利。所以給人說善良的話，比布帛衣服還暖；說傷害人的話，比矛和戟刺得更深。所以在磅礴的大地上，卻不能踏足上面，不是因為大地不安穩，危險而無法踏足，全是因為言語不當。巨大的路途也有擁擠時，細小的路途也有危險，所以即使想不謹慎，也好像不能不謹慎。

賞析與點評

《榮辱篇》說的問題是：別人對我有是非譭譽，而我在世間有榮辱，我應如何對待？但在說這問題之前，首先指出，我自己又應該怎樣給別人是非毀譽。正確的能度是：給人善良的話，等於送人溫暖，說傷害人的話，等於刺傷別人。可見毀譽榮辱問題對人有很大影響。

鬥者，忘其身者也，忘其親者也，忘其君者也。行其少頃之怒，而喪終身之軀，然且為之，是忘其身也；家室立殘，親戚不免乎刑戮，然且為之，是忘其親也；君上之所惡也，刑法之所大禁也，然且為之，是忘其君也。憂忘其身，內忘其親，上忘其君，是刑法之所不舍也，聖王之所不畜也。乳彘[1]不觸虎，乳狗不遠遊，不忘其親也。人也，憂忘其身，內忘其親，上忘其君，則是人也，而曾狗彘之不若也。

注釋

1 乳彘：哺乳的母豬。

譯文

爭鬥的人，忘記了自己的身體，忘記了自己的親人，忘記了自己的君主。發出一時的憤怒，喪失了終身的形軀，但仍然要做，就是忘記自己的身體。自己的家庭會立刻摧殘，親戚都不免受刑戮，但仍然要做，就是忘記自己的親人。君主厭惡爭鬥，爭鬥是法制大力禁止的，但仍然要做，就是忘記自己的君主。就自我擔憂而言，是忘記了自己的身體，就家庭內部而言，是忘記了自己的親人，就對上位者而言，是忘記了君主，這是刑法不會放棄的，聖王不容的。哺乳的母豬不會接觸老虎，哺乳的母狗不會遠遊他方，就是不忘記自己的親人。而人，就自我擔憂而言，忘記自己的身體，就家庭內部而言，忘記自己的親人，就上位者而言，忘記自己的君主，這些人就是豬狗也不如了。

賞析與點評

荀子認為人自以為對，結果受辱，是因為將對和錯混淆了。人執著於自己而和人鬥爭，只是小人，豬狗也不如。為了自己而鬥爭並不是君子行為，只是動物性的衝動而已，君子不以此為榮。

榮辱之大分，安危利害之常體：先義而後利者榮，先利而後義者辱；榮者常通，辱者常窮；通者常制人，窮者常制於人：是榮辱之大分也。材[1]愨者常安利，蕩悍者常危害；安利者常樂易，危害者常憂險；樂易者常壽長，憂險者常夭折：是安危利害之常體也。

注釋

1 材：通「才」。

譯文

榮譽和恥辱的最大分別，就安危利害的平常情況而言，先實行禮義然後有利，就是榮譽。先求有利然後才實行禮義，就是恥辱。有榮譽的人常常都是顯達的，有恥辱的人常常都是窮困的。顯達的人常常都是管制別人的人，窮困的人常常都是受人管制的。這是榮譽和恥辱的重要分別。有才能而謹慎的人常常安全而有利，放蕩兇悍的人常常有危險和害患。安全而有利的人常常快樂輕鬆，有危險和禍患的人常常擔憂危險。快樂輕鬆的人常常長壽，擔憂危險的人常常夭折。這是安危利害的平常情況。

賞析與點評

君子追求的是勇於做禮義行為，這種勇氣是求諸己，不是求諸人的。如果自己做到先禮義而後有利，就是榮譽，先求有利而才做禮義行為，就是恥辱。這是人內在的榮辱，這才是荀子重視的榮辱，一般世間外在的榮辱，不是荀子所注重的。但我們不是都很看重外在的榮辱，而總是忽視了內在的榮辱嗎？

材性知[1]能，君子小人一也；好榮惡辱，好利惡害，是君子小人之所同也；若其所以求之之道則異矣：小人也者，疾為誕而欲人之信己也，疾為詐而欲人之親己也，禽獸之行而欲人之善己也；慮之難知也，行之難安也，持之難立也，成則必不得其所好，必遇其所惡焉。故君子者，信矣，而亦欲人之信己也；忠矣，而亦欲人之親己也；修正治辨[2]矣，而亦欲人之善己也；慮之易知也，行之易安也，持之易立也，成則必得其所好，必不遇其所惡焉。是故窮則不隱，通則大明，身死而名彌白。小人莫不延頸舉踵而願曰：「知慮材性，固有以賢人矣。」不知其與己無以異也。則君子注錯之當，而小人注錯[3]之過也。故孰[4]察小人之知能，足以知其有餘，可以為君子之所為也。譬之越人安越，楚人安楚，君子安雅。是非知能材性然也，是注錯習俗之節異也。

注釋

1 知：通「智」。
2 辨：通「辦」，治理。
3 注：投。錯：通「措」，安排。
4 孰：通「熟」。

譯文

材質、本性、智慧、能力，君子小人同樣擁有。愛好榮譽，厭惡恥辱，愛好利益，厭惡災害，是君子小人相同的。但他們追求的途徑就不同了。小人，快速說出荒誕的話，而想別人相信自己；快速做出欺詐行為，而想別人親近自己；自己做出禽獸的行為，而想別人善待自己。這樣的思慮很難有智慧，這樣的行為很難安心，這樣的持守很難建立。完成行為後也不一定得到他所愛好，但卻一定會遇到他所厭惡的。而君子實踐誠信，也是想別人相信自己；君子實踐忠誠，也是想別人親近自己；君子修養正直和治理辦事，也是想人善待自己。這樣的思慮容易有智慧，這樣的行為容易安心，這樣的持守容易建立。完成實踐後就一定得到他所愛好的，一定不會遇到他所厭惡的。所以君子窮困也不會隱沒，顯達就會大放光明，身體死了而名聲會更加光耀。小人沒有不伸頸踮腳而祝願：「我的智慧、思慮、材質、本性，一定比別人賢能。」小人不知道君子和自己沒有不同，只是君子措置恰當，而小人措置錯誤。所以觀察小人的智慧才能，就足以知道他的智慧才能是有餘的，可以做君子所做的行為。好像越國人安於越國，楚國人安於楚國，君子則安於禮義的文雅。這不是智慧、才能、材質、本性令人變成這樣，而是措置、習俗的節制不同而已。

賞析與點評

荀子認為人好榮惡辱的慾望是天生的。既是天生，即君子小人是相同的。但君子小人的分別，不在於好榮惡辱慾望有多少，而在於慾望是不是合乎道，合乎禮義，是不是正當的。君子小人的分別不是在好榮惡辱，而是在於所得的榮譽利益是不是合乎禮義。

人之情，食欲有芻豢，衣欲有文繡，行欲有輿馬，又欲夫餘財蓄積之富也；然而窮年累世不知不足，是人之情也。今人之生也，方知畜雞狗豬彘，又畜牛羊，然而食不敢有酒肉；餘刀布，有囷窌[1]，然而衣不敢有絲帛；約者有筐篋之藏，然而行不敢有輿馬。是何也？非不欲也，幾不長慮顧後，而恐無以繼之故也？於是又節用御欲，收斂蓄藏以繼之也。是於己長慮顧後，幾不甚善矣哉！今夫偷生淺知之屬，曾此而不知也，糧食太侈，不顧其後，俄則屈安[2]窮矣。是其所以不免於凍餓，操瓢囊為溝壑中瘠[3]者也。況夫先王之道，仁義之統，《詩》《書》《禮》《樂》之分[4]乎！彼固為天下之大慮也，將為天下生民之屬，長慮顧後而保萬世也。其流長矣，其溫[5]厚矣，其功盛姚[6]遠矣，非順孰[7]修為之君子，莫之能知也。故曰：短綆[8]不可以汲深井之泉，知不幾者不可與及聖人之言。夫《詩》《書》《禮》《樂》之分，固非庸人之所知也。故曰：一之而可再也，有之而可久也，廣之而可通也，慮之而可安也，反鈆察之而俞[9]可好也。以治情則利，以為名則榮，以群則和，以獨則足，樂意者其是邪！

注釋

1 囷（粵：坤；普：qūn）：穀倉。窌（粵：窖；普：jiào）：地窖。
2 屈：竭盡。安：語助詞。
3 瘠：通「胔」，屍體。
4 分：義理。
5 温：通「蘊」。
6 姚：通「遙」。
7 孰：通「熟」，熟悉。
8 綆（粵：梗；普：gěng）：短繩。
9 鈆：通「沿」，遵從。俞：通「愈」。

譯文

人之常情，是想吃美味的食物，想穿繡有花紋的衣服，出行想有車馬，又想積蓄有餘的財富，而窮年累月地覺得自己不知和不足，這是人之常情。現在人的生活，才知道畜養雞狗和豬，又畜養牛羊，但平時飲食不敢吃酒肉，錢幣有餘，有穀倉地窖，但不敢穿着絲綢布帛。儉約的人有一筐筐的收藏，但出行不敢有車馬。為甚麼呢？他們不是不想，不就是因為顧慮長久之後，而恐怕無以為繼的緣故嗎？於是他們節約使用，控制慾望，收斂積蓄貯藏，作為後繼之用。這就是對於自己的長遠顧慮，這不是很好嗎？現在偷生淺薄的人，曾經這樣有餘而不知儉約，糧食太浪費，不顧慮後來，不久就耗盡而變成窮困。這是他們之所以不免要捱凍捱餓，拿着瓢和布囊而成為溝壑中的屍體。何況現在說的是先王之道，仁義的傳統，《詩經》、《尚書》、《禮經》、《樂經》的義理。先王之道是為了天下而作重大思慮，為了天下人民作長遠顧慮而保存至萬世。先王之道流傳長久，蘊積深厚，功績盛大遙遠，不是順着和熟識而修為這個道的君子，不能知道的。所以說：短繩不可以吸取深井中的泉水，不知道重要的意義就不能夠明白聖人的話。《詩經》、《尚書》、《禮經》、《樂經》的義理，不是平庸人所知道的。所以說：明白一個道，就可以明白第二個，明白了就可以長久，推擴這個道就可以貫通其他，思慮這個道就可以安心，返回遵循先王之道就愈愛好它。用來治理情慾就有利，由此而有名聲就是榮譽，用來和群眾相處就和諧，用來獨處就可以滿足，樂意就是這樣了！

賞析與點評

荀子說君子求榮譽，不是為了自己，而是要存心於先王之道、仁義之統。為了天下生民長遠考慮，保存萬世。這是最大的榮譽，這是要君子先去除了自利之心。由這個意義來說，君子只見禮義的榮譽，完全沒有自利的意義，這才是荀子說榮辱的最高意義。看現在的為政者，很多都只想着自己的名聲權力，失去了先王之道、仁義之統，都不是君子之道。

非相篇第五

本篇導讀——

荀子在前四篇中，説學習做君子和聖賢之道。跟着四篇則説，學習可以貫通到治理天下的王道。《非相篇》説人之所以為人，不是在於人的形相，而是人心能辨別。能辨別，即要能夠分辨人與人之間的人倫關係或禮義關係，再合一為統一之道，貫通到古今治亂之道。

故相形不如論[1]心，論心不如擇術；形不勝心，心不勝術；術正而心順之，則形相雖惡而心術善，無害為君子也。形相雖善而心術惡，無害為小人也。君子之謂吉，小人之謂凶。故長短小大，善惡形相，非吉凶也。古之人無有也，學者不道也。

注釋

1 論：考察。

譯文

看人看他的外貌不如看他的內心，看內心不如看他的辨別之術。外貌不及內心重要，內心不及辨別之術重要。辨別之術正確，內心又能安順於這種術，外貌雖然醜惡，但心和術都是善的，無損他作為一個君子。外貌雖然美善，但心和術都惡，無損他作為一個小人。成為君子叫做吉，成為小人叫做凶。所以形相長短大小，外貌的善惡，不是真正的吉凶。古聖賢沒有這種只看外貌的看法，求學者也不會討論這個標準。

賞析與點評

荀子認為人之所以為人，不在於外貌形相，而在於人心能辨別。孟子着重說人內在的本心，而荀子則注重能辨別。所謂「擇術」，即是辨別之道。擇術是要辨別人與人之間關係的分別，是要人在人與人之間盡人倫之道，盡禮義之道。人倫禮義之中，有各種應該分辨之道，合起來，就是貫通古今之道。這個道可以由聖王的制度而知道，所以下文再說聖王之道。

辨莫大於分[1]，分莫大於禮，禮莫大於聖王；聖王有百，吾孰法焉？曰：文久而滅，節族[2]久而絕，守法數之有司，極禮而褫[3]。故曰：欲觀聖王之跡，則於粲然者矣，後王是也。彼後王者，天下之君也；舍後王而道上古，譬之是猶舍己之君，而事人之君也。故曰：欲觀千歲，則數今日；欲知億萬，則審一二；欲知上世，則審周道；欲知周道，則審其人所貴君子。故曰：以近知遠，以一知萬，以微知明，此之謂也。

注釋

1 分：名分。

2 族：通奏，節「奏」。

3 褫（粵：恥；普：chǐ）：脱。

譯文

辨別事物沒有比名分重要的，名分沒有比禮義重要的，禮義沒有比學習聖王更重要的。聖王有百多人，我們要學習誰呢？答：禮義的文制已消滅了很久，禮義的音樂節奏已絕跡了很久，守護法制的官員有司，也遠離禮制而脱節了。所以説：想看聖王的痕跡，而又能表現出光明的，就是後來的聖王周天子了。後來的聖王，就是天下的君主，放棄後王而説上古聖王之道，就好像放棄自己的君主而侍奉別人的君主。所以説想看一千歲以前的事，就要看今日的君主，想知道億萬有多少，就要仔細由一二數起。想知道上古世代的事，就要詳細由周朝治國之道開始，想知道周朝治國之道，就要仔細看周朝所尊貴的君子。所以説由近而知遠，由一而知萬，由微小而知光明，就是這個意思了。

賞析與點評

根據後王周天子的禮制，可見這個制度，粲然可觀，考察這個制度，就更加容易了解聖王之道。荀子是肯定周代的禮義制度，而這個制度的基礎是聖王之道，聖王的基礎是德性。所以並非只是守着古聖王留下禮制的痕跡，就知聖王之道，更要知聖王之人和他的德性。制度最後的目的是人的德性，這不是很值得有千百種制度的我們參考嗎？

夫妄人曰：「古今異情，其所以治亂者異道。」而眾人惑焉。彼眾人者，愚而無說，陋而無度者也。其所見焉，猶可欺也，而況於千世之傳也？妄人者，門庭之間，猶可誣欺也，而況於千世之上乎？

譯文

那些無知的人說：古今的情況不同，古今聖人治亂之道也不同。於是聽到的眾人就迷惑了。這些眾人，愚昧而沒有甚麼說法，淺陋而沒有法度。他們親眼看見聖人，都可以被人欺騙，何況聖人是千年前的流傳呢？無知的人，只不過是在門庭之間的人，都可以欺騙人，何況聖人是千年前的人呢？

賞析與點評

荀子認為就具體情況而言，古今是不同的，但其中治亂之道是貫通的。這就要人由古今的事情中，討論判斷，才可以認識這個治亂之道。

聖人何以不可欺？曰：聖人者，以己度者也。故以人度人，以情度情，以類度類，以說度功，以道觀盡，古今一度也。類不悖，雖久同理，故鄉[1]乎邪曲而不迷，觀乎雜物而不惑，以此度之。五帝之外無傳人，非無賢人也，久故也。五帝之中無傳政，非無善政也，久故也。禹湯有傳政而不若周之察也，非無善政也，久故也。傳者久則論略，近則論詳，略則舉大，詳則舉小。愚者聞其略而不知其詳，聞其詳而不知其大也。是以文久而滅，節族久而絕。

注釋

1 鄉：通「嚮」。

譯文

聖人為甚麼不會被欺騙？答：聖人，以自己為法度。所以能夠由人而判斷人，由情而判斷情，由同類而判斷同類，由學說而判斷功效，由道而看盡一切事物，古今判斷是一樣的。只要類別不違背，雖然相隔很久，但道理仍是相通的。所以聖人面對邪曲情況而不會迷惑，看雜亂的事物也不會迷惑，就是由此而判斷。五帝之前沒有賢人流傳下來，不是沒有賢人，而是太久遠了。五帝之中，沒有政策流傳下來，不是沒有好的政策，也是太久遠了。禹和湯有政策流傳下來，但不及周代的明察，不是沒有好的政策，而是太久遠了。流傳下來的政策，太久遠了，討論就會簡略，近期的政策，討論就會詳細，簡略就只會舉出大概，詳細才會舉出細小的細節。愚昧的人只聽到簡略的而不知道有詳細的，聽到詳細的也不知道哪些重要。所以聖人的文制，久遠就會消滅，禮義的節奏，久遠就會絕跡。

賞析與點評

荀子說，人能夠由自己的情推斷別人的情，由同類的人推斷同類的人，這就能夠統貫各個類別，得到貫通之道。君子就是由這個道而觀察古今，實踐而盡道。荀子認為要觀察周代的制度，才了解這個貫通之道，是因為古代聖王的制度太久遠而絕跡，周代的制度還具體存在，可以由詳細了解而認識這個道。所以不是說古代聖王的制度不可效法。這個意思和孔子要人反思禮之本的用心，是前後相承的。

凡說之難，以至高遇至卑，以至治接至亂。未可直至也，遠舉則病繆[1]，近世則病傭。善者於是間也，亦必遠舉而不繆，近世而不傭，與時遷徙，與世偃仰，緩急嬴[2]絀，府然若渠匽檃栝之於己也[3]。曲得所謂焉，然而不折傷。

注釋

1 繆：通「謬」。

2 嬴：通「贏」，盈餘。

3 府：通「俯」。匽：通「堰」，壩。

譯文

凡是想說服別人，遇到的困難是，抱有最高理想而遇到最卑下的人，抱有治世理想而遇到最混亂的君主。總是不可以直接說服成功的，舉出久遠的聖人，就會有謬誤的毛病，說近世的就會變得庸俗。善於說服人的人在這時，一定要舉出久遠的聖人而沒有謬誤，說近世而不會變得庸俗，與時勢一起變化，和世人一起俯仰，可以慢，可以快，可以多，可以少，自己可以俯下好像渠堰阻擋流水，好像矯正竹木的檃括矯正別人。婉曲說出所想說的，而又不會挫傷別人。

賞析與點評

荀子說，君子想把他的道，在世間實踐。但最高的理想，遇到最混亂的君主，實在有很巨大的差距，不能互相接通。所以說久遠的聖人時，不能令世人以為是謬誤，說近世的討論，又不可以陷於庸俗。要隨時勢而說，不可以執著認為一定如此。所以荀子不是固守舊禮規條的頑固分子。

故君子之度己則以繩，接人則用抴[1]。度己以繩，故足以為天下法則矣；接人用抴，故能寬容，因眾以成天下之大事矣。故君子賢而能容罷[2]，知而能容愚，博而能容淺，粹而能容雜，夫是之謂兼術。《詩》曰：「徐方[3]既同，天子之功。」此之謂也。

注釋

1 抴（粵：曳；普：yì）：通「枻」，短槳，指船。

2 罷：通「疲」。

3 徐方：徐國。

譯文

所以君子好像用畫直線的線墨判斷自己，用船來接載別人。君子用繩墨判斷自己，所以足以成為天下人效法的準則。用船接載別人，所以能夠寬容，能夠由眾人而成就天下的大事。所以君子是賢良而能夠容納疲弱無能的人，有智慧而能夠容納愚昧的人，知識廣博而能夠容納淺陋無聞的人，德性純粹而能夠容納混雜的人，這就叫做兼容的方法。《詩經》說：徐國既然已經順從了，這就是天子的功勞。就是這個意思。

賞析與點評

君子的目標是要接載人，令人接上聖王之道。可見荀子也有隨時變化，不主張執著固有方式，寬容待人的意思。但荀子的目標，不只是要包容人，更是要接載人，令人由卑下而升高，提升人的精神，令人可以一起實踐理想的聖王之道。

非十二子篇第六

本篇導讀——

《非十二子篇》是荀子對當時流行學術流派的評論。這十二子的著作很多沒有傳世，後世學者常常由此篇而了解十二子的學問，所以這是很有學術研究價值的篇章。但其實荀子寫《非十二子篇》不是為了讓後人研究十二子的學問。荀子的本意是說，十二子的學問都不足以說到聖王之學，不足以說明人文世界形成之道，所以撰文反對。荀子反對它囂、魏牟的恣情性主張，反對陳仲、史鰌的忍性情主張，認為他們只知個人，而不知社會人文的價值。荀子反對墨翟、宋鈃的注重功用，太過儉約，輕視差等的主張，認為他們只知社會平等，而不知道國家制度的建立不只有平等，也有差等的。荀子反對慎到、田駢順從時勢的主張，認為他們只知道順應時勢，而不知道為政不只是順應時勢的事情。荀子反對惠施、鄧析，因為他們的言論和行為是互不相干的。荀子也反對子思、孟軻，認為他們的聞見博雜而沒有統一性，只是根據舊傳統做學說，而未能夠根據不同種類而加以解說。真能說聖王之道的人，但不得勢的，是孔子和子弓。得勢的，是舜和禹。所以做聖王，在上位要學舜、禹，不在上位要學孔子、子弓。可見荀子的《非十二子篇》是說關於政治的學術。政治上如實行聖王之道，學術自然會行上正軌。如果聖王之道不能實行，就要先糾正學術，令人明白聖王之道的學問。這才是《非十二子篇》的主旨。

縱情性，安恣睢[1]，禽獸行，不足以合文通治；然而其持之有故，其言之成理，足以欺惑愚眾：是它囂[2]、魏牟[3]也。

注釋

1 恣睢：放縱自得。

2 它囂：人名，生平不詳。

3 魏牟：戰國時魏國的公子牟。《莊子》和《呂氏春秋》也有說到魏公子牟。《漢書．藝文志》在道家書籍中有《公子牟》四篇。公子牟主張貴生貴身，尊崇生存和身體，認為天下最尊貴的是生存和身體。《莊子．讓王篇》記載魏牟曾說：現在天下在這裏，左手取天下，就左手被廢除，右手取天下，就右手被廢除，那你會不會取呢？

答：不取。由此可見，身體尊貴於天下。

譯文

主張放縱性情，安於放縱自得，好像禽獸一樣自由行事，不能夠符合文制貫通治理之道。但他們所持的見解有理由，他們的言論合理，足以欺騙迷惑愚昧群眾。他們就是它囂、魏牟。

賞析與點評

由魏牟的主張來看，一個人想取得天下，是因為人的野心貪慾，但人不肯為了野心貪慾而廢除自己的手。由此可見人重視身體，較野心貪慾、取得天下更重要。可見重視身體的人不會因為野心貪慾而取天下。而人就是因為野心貪慾而取天下，導致天下大亂。所以人如果能夠重視身體而不取天下，天下就不會大亂。所以魏牟主張貴身而不取天下，停止野心貪慾，也有清高的德性。不取天下，只重視身體，就會要求自由培養自己的生命性情，即是荀子說的縱性情。而不取天下，視天下如無物，只安於自己自得的心，就是荀子說的安恣睢。而禽獸行，就是說自己好像禽獸一樣，在世人和人文世界之外，不理會符不符合人文的治理。即是說不會參與取天下的行為，而要求自由自在放縱自己的性情。所以它囂、魏牟是因為積極地看到身體和生存的重要而藐視天下，成為出世、避世、獨行其是的人。所以荀子說他們持之有故，言之成理。但他們只知個人，否定人文世界的價值，不符合聖王之道，所以說他們會欺惑愚眾。

忍情性，綦谿利跂[1]，苟以分異人[2]為高，不足以合大眾，明大分，然而其持之有故，其言之成理，足以欺惑愚眾：是陳仲[3]、史鰌[4]也。

注釋

1 綦谿利跂：綦，只用一條腿走路。谿，通「蹊」，小路。利，通「離」。跂，通「企」，提起腳跟。指和世俗不同而獨行。

2 分異人：與別人不同。

3 陳仲：即陳仲子，又名田仲，戰國時齊國人。他兄長在齊國當官，他認為兄長的俸祿不義，不肯接受，寧願獨居山陵之中，幾乎餓死，以高潔著稱。

4 史鰌：字子魚，又叫史魚。春秋時，衞國大夫，孔子弟子，臨死時叫兒子不要入殮，以屍諫衞靈公，孔子稱讚他正直：「直哉史魚」。

譯文

節制自己的性情，好像限制自己只用單腳走小路，離開大路而行，姑且以和別人不同為高人一等，不能符合大眾的生活，不能彰顯大義，但他們所持的見解有理由，他們的言論合理，足以欺騙迷惑愚昧群眾。他們就是陳仲、史鰌。

賞析與點評

這也是因為世界太汙濁，要求潔身自愛的一種形態。陳仲、史鰌都只求做一個潔身自愛的當世賢者。他們想到以和世俗人不同為高，就是根據想避世、超越世俗的心情，而有成為一種特殊的思想形態。因為在世俗之中，常常會出現一些沒有價值或反價值的情況，令世俗世界變成汙濁，人如果感到世俗的汙濁性，人直接生出的第一個念頭，常常是要求自拔於汙濁，保持心靈的高潔、生命的高潔，於是出現各種出世、避世、超世的思想。任何時代，只要人類社會有汙濁的地方，就會有這種形態的思想出現。所以這種思想，自然有一種永恆性。現代社會不是常常流行這種出世、離世的思想嗎？由此可反映現實的世俗是怎樣的情況。

不知壹天下建國家之權稱[1]，上功用，大儉約，而僈[2]差等，曾[3]不足以容辨

異，縣君臣；然而其持之有故，其言之成理，足以欺惑愚眾：是墨翟[4]、宋鈃[5]也。

注釋

1 權稱：權衡。
2 僈：輕視。
3 曾：乃，竟然。
4 墨翟：墨家的創始人，主張節用、節葬、兼相愛、交相利。
5 宋鈃（粵：形；普：xíng）：戰國時宋國人，主張禁攻。

譯文

不知道統一天下，建立國家的權衡法度，崇尚功利實用，重視節儉簡約，而輕視差別等級，竟至於不能容許人有分別和不同，不容許君臣有上下懸殊的分別。但他們所持的見解有理由，他們的言論合理，足以欺騙迷惑愚昧群眾。他們就是墨翟、宋鈃。

賞析與點評

墨子重視公正無私，問題也是只知道公而不知道私，要實行是很困難的，因為無私的心和天下人心是相反的，天下人也做不到無私。宋鈃則是重視公而不忘私，同時重視別人和我的生活需求，較墨子好一些。墨子、宋鈃崇尚公義平等的說法，也是持之有故，言之成理的，但在建立國家制度方面就有所不足。追求公義平等是一個理想，但只有這個理想並不足夠。荀子的理想世界是多元的人文世界的開展，這就不只是空想的平等世界所能包括的。近代不是曾流行一種極平等財富分配的理想世界主張嗎？但正因為這個平等理想世界中，沒有多元的人文文化內容，結果實踐出來就成為一個極不平等的現實世界。

尚法而無法，下[1]脩而好作，上則取聽於上，下則取從於俗，終日言成文典，反紃[2]察之，則倜然[3]無所歸宿，不可以經國定分；然而其持之有故，其言之成理，足以欺惑愚眾：是慎到[4]、田駢[5]也。

注釋

1 下：輕視。

2 紃：通「巡」。

3 偶然：不切實際。

4 慎到：戰國時趙國人，主張順勢而治。

5 田駢：戰國時齊國人，主張和慎到接近。

譯文

崇尚法治而沒有真正的法制，輕視修養而喜歡自己造作，對上位的人，就選取聽從他的話，對下面的人，就選取跟從世俗，終日在討論如何做成儀文法典，且常常巡察。這就是不切實際而沒有歸宿，不可以用來治理國家，確定名分。但他們所持的見解有理由，他們的言論合理，足以欺騙迷惑愚昧群眾。他們就是慎到、田駢。

賞析與點評

田駢、慎到主張人化同於無知的事物，與物宛轉，任順物勢，捨棄是非，無所選取，跟隨物勢而轉動，自己就沒有責任過失，不受罪責。荀子當然反對。但人其實很多時候會想化同無知之物，要求自己無知。人會用智慧知識來辨別是非，分辨對錯、利害，人要做決定便一定會疲累。因為決定總是會對會錯，人要承擔決定的後果，而結果又往往是人承擔不起的，長久一定會覺疲累和失去自信。這時人會厭棄做利害是非的分辨，自甘同化為無知的事物，由此而去除了疲累和失去自信的毛病，也可算是大有所獲。好像一個人有絕症，已不能痊癒，或痛苦至不能忍受，寧願死，同化為無知的泥土。能夠去除疾病或痛苦，即使沒有其他好處，人也願意去做。這時，人的最大願望可能就是無知而任順物勢。對一個疲累的人而言，這也是一個最高理想，是不容易達到的一個理想。所以田駢、慎到的主張並非無理，只是未能符合荀子正面積極建立多元人文世界理想的要求而已。

不法先王，不是禮義，而好治怪說，玩琦[1]辭，甚察而不惠，辯而無用，多事而寡功，不可以為治綱紀；然而其持之有故，其言之成理，足以欺惑愚眾：是惠施[2]、鄧析[3]也。

注釋

1 琦：通「奇」。

2 惠施：戰國時宋國人，名家代表人物。

3 鄧析：春秋時鄭國人，名家人物之一。

譯文

不效法古代聖王，不肯定禮義，而喜歡研究怪異學說，玩弄奇怪語言文字，非常明察，但沒有好處，善辯論而不實用，多工作而少功效，不可以作為治理國家的綱紀。但他們所持的見解有理由，他們的言論合理，足以欺騙迷惑愚昧群眾。他們就是惠施、鄧析。

賞析與點評

名家喜歡辯論語言文字，和實際的政治實務、日常生活無關。現在看來，名家的學問，有些類似現代的語言哲學和邏輯等學術範疇，不可以說沒有意義，只是意義不直接和人生相關。荀子注重人的生活，人在人文世界中的生活，所以這些學問並不是荀子心目中的聖王之道應重視的。人文世界應肯定語言邏輯的價值，但不是由語言邏輯來治理人文世界。所以荀子說的是和政治相關的學術。

略[1]法先王而不知其統，猶然而材劇志大，聞見雜博。案往舊造說，謂之五行[2]，甚僻違而無類，幽隱而無說，閉約而無解。案[3]飾其辭，而祇[4]敬之，曰：此真先君子之言也。子思[5]唱[6]之，孟軻[7]和之。世俗之溝猶瞀[8]儒、嚾嚾[9]然不知其所非也，遂受而傳之，以為仲尼、子弓[10]為茲厚於後世：是則子思、孟軻之罪也。

注釋

1 略：大致。

2 五行：即五常，仁義禮智信。

3 案：語助詞。

4 祇（粵：之；普：zhī）：敬。

5 子思：戰國時魯國人，孔伋，孔子孫。

6 唱：通「倡」。

7 孟軻：即孟子，戰國時鄒國人，儒家代表人物，被尊為亞聖。

8 溝猶瞀：猶，語助詞。溝瞀，愚昧無知。

9 嚾（粵：歡；普：huān）嚾：喧鬧。

10 子弓：即仲弓，孔子弟子。

譯文

大致效法先聖王，而不知先聖王的綱紀，還以為自己才多志大，見聞博雜。根據以往舊學說而造出新學說，叫做五行，乖僻違背而不合乎倫類，道理幽深隱微而沒有解說，義理隱閉簡約而沒有解釋，文飾他們的學說，恭敬地說：這真是先祖先師的說法。子思提倡，孟軻和應，世俗愚昧無知的儒家之徒，喧喧鬧鬧不知他們的錯誤。於是接受而傳授這學說，以為是孔子、子弓推崇於後世的。這就是子思、孟軻的罪過。

賞析與點評

同是儒家之徒，為何荀子認為孟子的學說錯誤，有罪過呢？這就是因為不合乎荀子心目中的聖王之道、建立天下統類的精神。孟子說興起人心志之道，注重人禽之辨，由人主觀心性來說，但並沒有就人在自然天地萬物之上，由客觀意義來說。荀子的禮義之道，就是人文世界形成之道。人在自然世界之上，建立起一個人文世界。荀子認為聖賢之道，不只是說人如何興起自己的心志，更要說人和各種類自然物的關係、人和人的關係。這才是真正盡人倫、盡禮制的聖王之道，才真正是繼承孔子開出的多元人文世界之道。因為由荀子來看，孟子除了性善論和他相反外，孟子雖根據孔子而說，但只注重說自己的心，只是幽深隱微簡約的義理，不是真正孔子之道，所以說孟子錯誤。其實一從主觀心志說，一從客觀人文世界說，正好互相補充，而不是真正互相對立。

若夫總方略，齊言行，壹統類，而群天下之英傑，而告之以大古，教之以至順，奧窔[1]之間，簟[2]席之上，斂[3]然聖王之文章具焉，佛[4]然平世[5]之俗起焉，六說者不能入也，十二子者不能親也。無置錐之地，而王公不能與之爭名，在一大夫之位，則一君不能獨畜[6]，一國不能獨容，成名[7]況[8]乎諸侯，莫不願以為臣，是聖人之不得埶者也，仲尼、子弓是也。

注釋

1 奧窔（粵：jiu³；普：yào）：奧，房屋西南角。窔，房屋東南角。指在房屋內。

2 簟：竹蓆。

3 斂：聚集。

4 佛：通「勃」。

5 平世：太平盛世。

6 畜：收藏。

7 成名：聲名遠播。

8 況：拜訪。

譯文

能夠做到總括國家的方案謀劃，使人民言行一致，統一綱紀類別，而聚集天下豪傑，告訴他們甚麼是康莊大道，教他們甚麼是最順暢的。能夠在一般的房屋內，竹蓆上，都聚集齊備聖王的文制禮儀，太平盛世的習俗由此勃然興起。能夠做到這些，前面六種學術流派都不能進入，十二子都不能親近，就算政治上沒有地位，好像沒有放置錐子的地方，王公也不能夠和他爭名聲。這樣的人雖然只在一個大夫的地位，但一個國君不能獨自把他收藏起來，一個國家不能獨自收容他。他聲名遠播地拜訪諸侯，沒有不願意用他作為臣子的。這就是不得勢的聖人，孔子、子弓。

賞析與點評

前面十二子都不合乎荀子的要求，那荀子的要求是怎樣的人呢？荀子要求的是聖人，但聖人也有得勢和不得勢的時候。不得勢的時候，聖人應像孔子那樣，心中要有總方略，不得勢也要能夠教育人民文制禮儀，太平盛世才可由此而興起。這是說文化教育的影響，比政治上的影響深遠得多。

一天下，財[1]萬物，長養[2]人民，兼利天下，通達之屬[3]，莫不從服，六說者立息，十二子者遷化[4]，則聖人之得埶者，舜、禹是也。

注釋

1 財：通「裁」，裁斷。

2 長養：養育。

3 屬：類別。

4 遷化：改變。

譯文

統一天下，裁斷萬物，養育人民，同時有利於天下，凡是貫通達到的類別，沒有不服從的，上面六種學說就會立即停止，令十二子改變，這就是得勢的聖人，舜和禹了。

賞析與點評

聖人得勢更加可以得到即時的影響，十二子的學說，不必強制停止而自然變化，這是理想中的聖王統治了。

今夫仁人也，將何務[1]哉？上則法舜禹之制，下則法仲尼、子弓之義，以務息十二子之説。如是則天下之害除，仁人之事畢，聖王之跡著矣。

注釋

1 務：致力。

譯文

現在仁德的人，應致力做甚麼呢？在上就效法舜和禹的禮制，在下就效法孔子、子弓的禮義，致力停止十二子學說，這樣，天下的禍患就可除去，仁德的人的事完成了，聖王的事跡就顯著了。

賞析與點評

由此可見，荀子《非十二子篇》的主旨，是說關於政治的學說。政治上，聖王之道流行，學說自然會變化，聖王之道不流行，就要做改變學術的工作，希望說明聖王之道才是最好的學說。這才是《非十二子篇》的主旨。荀子的說法，只是在不得勢時，在民間以討論方式，駁斥十二子的學說，致力停止他們的錯誤。這其實是正常的學術討論，堅持自己的觀點而已。在得勢時，不必用政治力量停止，荀子認為十二子學說會自動變化。所以荀子其實沒有用政治權力獨尊儒術的主張。後來發展出用政治力量阻止其他學說的主張，並不是荀子的意思。

儒效篇第八

本篇導讀——

《儒效篇》開首舉出周公來說明聖人之道貫通到君主。再說孔子未能夠在現實中實踐理想，但能夠作為老師。再說君子的賢德，並不是要能人所不能，君子也有不及別人的地方。又由俗人、俗儒、雅儒、大儒的分別，由德行的高下而說到聖人管理天下之道。總之，此篇是說儒者的類別。由上而下各類，居於上者應該作為在下者的模範，居於下者應該效法在上者，上類統貫下類，貫通為一，由此興起整個天下家國，見到聖王之道。

君子之所謂賢者，非能遍能人之所能之謂也；君子之所謂知者，非能遍知人之所知之謂也；君子之所謂辯者，非能遍辯人之所辯之謂也；君子之所謂察者，非能遍察人之所察之謂也；有所止矣。相高下，視墝肥，序五種[1]，君子不如農人；通財貨，相美惡，辨貴賤，君子不如賈人；設規矩，陳繩墨，便備用[2]，君子不如工人；不卹是非不然之情，以相薦撙[3]，以相恥怍，君子不若惠施、鄧析。若夫譎[4]德而定次，量能而授官，使賢不肖皆得其位，能不能皆得其官，萬物得其宜，事變得其應，慎、墨不得進其談，惠施、鄧析不敢竄[5]其察，言必當理，事必當務，是然後君子之所長也。

注釋

1 序：安排次序。五種：五穀。

2 便備用：便，改良。備，設備。用，器具。

3 薦：通「踐」，踐踏。撙（粵：纂；普：zǔn）：抑制。

4 譎：通「商」，衡量。

5 竄：令人接納。

譯文

君子之所以被稱為賢能，不是因為完全能夠做到別人能做的；君子之所以被稱為智慧，不是因為完全能夠知道別人所知道的；君子之所以被稱為善辯，不是因為完全能夠辯倒別人的言論；君子之所以被稱為明察，不是因為完全能夠明察別人所察覺的。君子能力也是有限的。看地勢高下，視察土地肥沃貧瘠，排列耕種五穀次序，君子不及農人；貨物金錢的流通，看貨物的好壞，辨別貨物的貴賤，君子不及商人；設置圓規矩尺，安排繩墨，改良設備器具，君子不及工人；不理會別人是非反對的情況，互相踐踏抑制，互相恥辱，君子不及惠施、鄧析。至於衡量德行而定等級次序，衡量能力而授與官職，令賢人和不肖的人都得到適當的位置，有能力和沒有能力的人得到適當的官職，萬物都得到適當的安排，事物變化得到適當的回應，慎到、墨子不能夠推廣他們的言論，惠施、鄧析不敢令人接納他們的明察，言論一定合乎理，做事一定做應當的，這才是君子所擅長的。

賞析與點評

荀子認為君子並不是能人所不能，君子也會不及農人、工人、商人，但君子能夠按德性修養衡量事物，而作出回應安排，這是君子擅長的。這正是因為君子知道聖王之道，而貫通於治亂之道。所以荀子不是認為在上位者無所不能，不是比其他人高級，只是做他擅長做而應做的工作而已。

故有俗人者，有俗儒者，有雅儒者，有大儒者。不學問，無正義，以富利為隆，是俗人者也。逢衣淺帶[1]，解果[2]其冠，略法先王而足亂世術，繆[3]學雜舉，不知法後王而一制度，不知隆禮義而殺[4]詩書；其衣冠行偽[5]已同於世俗矣，然而不知惡；其言議談說已無異於墨子矣，然而明不能別；呼先王以欺愚者而求衣食焉；得委積足以揜其口，則揚揚如也；隨其長子，事其便辟[6]，舉其上客，億[7]然若終身之虜而不敢有他志：是俗儒者也。法後王，一制度，隆禮義而殺詩書；言行已有大法矣，然而明不能齊法教之所不及，聞見之所未至，則知不能類也；知之曰知之，不知曰不知，內不自以誣，外不自以欺，以是尊賢畏法而不敢怠傲：是雅儒者也。法先王，統禮義，一制度；以淺持博，以古持今，以一持萬；苟仁義之類也，雖在鳥獸之中，若別白黑；倚[8]物怪變，所未嘗聞也，所未嘗見也，卒[9]然起一方，則舉統類[10]而應之，無所儗㤰[11]；張法而度之，則晻[12]然若合符節：

是大儒者也。

注釋

1 逢：蓬鬆。淺帶：衣帶束得很淺。

2 解果：也作「蟹蜾」，高的意思。指模仿儒者穿着。

3 繆：通「謬」。

4 殺：減少。

5 偽：通「為」。

6 便辟：君主左右的小人。

7 儢：通「慮」，提心弔膽的樣子。

8 倚：通「奇」。

9 卒：通「猝」。

10 統類：統率的大綱和類別，泛指禮制內容。

11 儗：通「疑」。怍：通「怍」，慚愧不安。

12 晻：通「奄」，相合。

譯文

有所謂俗人、俗儒、雅儒、大儒的分別。不學習，沒有正義，以財富利益為尊貴的，是俗人。穿寬鬆衣服，戴高帽，簡略效法先王而實行足以擾亂世人的政策。雜亂舉出謬誤的學說，不知道要效法後王而貫通為一的制度。不知道更多尊崇禮義而減少重視《詩經》、《尚書》。他的衣着行為已經和世俗人相同了，但不知道是惡的。他的言論談話已經和墨子相同了，但明顯地不能辨別。標舉出先王來欺騙愚昧的人來追求衣食。得到別人給予積蓄而足以糊口，就意氣揚揚。只知跟隨長子，侍奉君主身邊的小人，推舉為上等賓客，提心弔膽好像終身為奴隸而不敢有其他志願。這些就是俗儒了。而能效法後王貫通為一的制度，更尊崇禮義而減少重視《詩經》、《尚書》，言語行為已經有大概的法度，但是明顯不能夠整理法制教化不及的地方，和未聽聞過與未看見過的地方。這樣就知道他不能夠類推，只是知道說知道，不知道說不知道，內心不自我欺騙，向外也不能自我欺騙，由此而尊敬賢者，敬畏法制，而不敢怠慢，這些就是雅儒了。效法先王，統貫禮義，統一制度，用淺近的方式掌握博大的知識，用一個道理掌握萬物。如果是禮義的類別，即使在鳥獸之中，也好像辨別黑白一樣清楚。奇怪的事物和變化，未曾聽聞過的，猝然出現在某一個地方，也能夠舉出統貫的類別而回應，沒有遲疑不安。如果張開法制來量度，就相合好像符節一樣，這就是大儒者。

賞析與點評

荀子說有俗人、俗儒、雅儒、大儒的分別，是由人學習聖人之道的高下分類而言。結合前面就人的德行而言，可見荀子重視人德性的學習由低至高的次序。俗人只知財富利益，俗儒只知根據《詩經》、《尚書》而言，其實和俗人沒有分別。雅儒能夠法後王，隆禮義。大儒更知禮制中有聖人之道貫通其中，能夠舉出統類的道來回應事物變化。大儒就是孔子周公，是聖人。荀子這裏很具體指出衡量人高低的標準，就是人的德性，而不只是知識能力。

人論[1]：志不免於曲私，而冀人之以己為公也；行不免於汙漫，而冀人之以己為脩也；其愚陋溝瞀[2]，而冀人之以己為知也：是眾人也。志忍私，然後能公；忍情性，然後能脩；知而好問，然後能才；公脩而才，可謂小儒矣。志安公，行安脩，知通統類：如是則可謂大儒矣。大儒者，天子三公[3]也；小儒者，諸侯、大夫、士[4]也；眾人者，工農商賈也。禮者，人主之所以為群臣寸尺尋丈檢式[5]也。人倫盡矣。

注釋

1 論：通「倫」。

2 溝瞀：通「怐愗」，愚昧無知。

3 三公：周朝最高級的官員，太師、太傅、太保。

4 士：官名，地位在大夫之下。

5 寸尺尋丈：長度單位，八尺為一尋。檢式：標準。

譯文

人倫類別是這樣的：意志總是不免有自私不正直，而希望別人以為自己是公正的。行為不免會汙穢卑鄙，而希望別人以為自己有修養。很愚昧淺陋無知，而希望別人以為自己有智慧。這就是眾人。意志控制了私心，然後做到公正，控制了感情個性，然後做到有修養，有智慧而又愛好發問，然後做到有才幹。公正、有修養又有才幹，可稱為小儒了。而意志自然安於公正，行為自然安於修養，智慧貫通各類別，這樣就可以稱為大儒了。大儒可以做天子、三公，小儒可以做諸侯、大夫、士，眾人可以做工人、農人和商人。禮義制度，就是君主衡量群臣的標準。人倫類別都能在其中表現了。

賞析與點評

對於不同的儒者，在政治上表現為，大儒應做天子三公，小儒應做諸侯士大夫，眾人應做工農商。而結合各個人倫類別的人，就能成就天下國家的政治工作，這是君子擅長的範圍。荀子說出了君子才應該在上位的原因。現在我們選舉賢能要投票，是不是要按君子大儒這個標準來選呢？

王制篇第九

本篇導讀——

荀子說政治的數篇，首先說王制，即王者的制度。然後說富國和王霸之道的區分，君道和臣道的區分、致士之道和強兵之道。《王制篇》說舉賢能，廢不能，是繼承《儒效篇》說大儒小儒表現於政治的意思而言。任用官員應該用賢德和不肖來代替親疏的區分。說聽政之道就說禮刑兼用。荀子又注重使天下人各得其位的政治地位差等論。又說王者追求強大，不輕言戰爭，和霸者不同。而王者制度，應該從其舊，不應輕易改變。又說尚賢使能，而見禮義。王者之法目的是養民，王者制度是統一之道行於天下。總而言之，是王者如能行王道，即使不去取得天下，天下也自然會等待這個王者，王者的制度是足以安定天下。

請問為政？曰：賢能不待次而舉，罷[1]不能不待須[2]而廢，元惡不待教而誅，中庸民不待政而化。分未定也，則有昭繆[3]。雖王公士大夫之子孫也，不能屬於禮義，則歸之庶人。雖庶人之子孫也，積文學，正身行，能屬於禮義，則歸之卿相士大夫。故姦言，姦說，姦事，姦能，遁逃反側[4]之民，職而教之，須[5]而待之，勉之以慶賞，懲之以刑罰。安職則畜[6]，不安職則棄。五疾[7]，上收而養之，材而事之，官[8]施而衣食之，兼覆無遺。才行反時者死無赦。夫是之謂天德，王者之政也。

注釋

1 罷：通「疲」，沒有才能。

2 須：須臾，片刻。

3 昭繆：繆，通「穆」。昭穆，古代宗廟裏的輩份排列，左方稱昭，右方稱穆。

4 反側：不安。

5 須：通「顩」，等待。

6 畜：任用。

7 五疾：啞、聾、瘸、骨折、身材異常矮小，五種殘疾。

8 官：職事。

譯文

請問怎樣從事政治呢？答：賢能的人不必按次序而推舉出來了，疲弱無能的人不必等待片刻就要廢除了，罪惡元兇不必等待教導就應該誅除了，中庸平凡的人不必等待政治措施而應加以教化。如果名分未確定，就應作出等級次序的排列。有些人雖然是王、公、士、大夫的子孫，如果行為不合於禮義，就應歸之於平民。有些人雖然是平民的子孫，如果能夠積累文學知識，端正自身行為，能夠合於禮義，就應歸之於卿相、士、大夫。而說奸邪的言論，講奸邪的學說，做奸邪的事情，有奸邪的能力和逃走不安的人民，應安排職業而教育他們，等待他們，用獎賞勉勵他們，用刑罰懲治他們。安於職業的就可任用，不安於職業的就應棄用。而有五種殘疾的人，上位者應收留奉養，根據才能而給他們工作，安排官職而給予衣食，全部人民也要覆蓋而沒有遺漏。而才德品行違反當時禮義的，應處死而不赦免。這就叫做天德，是王者政治應做的。

賞析與點評

荀子認為任用官員，應該用賢和不肖的區分，代替親疏的區分。和孟子贊成舜帝任用弟弟的說法比較，荀子其實更加接近墨子的任用賢能為官的主張。

聽政之大分[1]：以善至者待之以禮，以不善至者待之以刑。兩者分別，則賢不肖不雜，是非不亂。賢不肖不雜，則英傑至，是非不亂，則國家治。若是，名聲日聞，天下願，令行禁止，王者之事畢矣。

凡聽：威嚴猛厲，而不好假[2]道人，則下畏恐而不親，周閉而不竭。若是，則大事殆乎弛，小事殆乎遂[3]。和解調通，好假道人，而無所凝止之，則姦言並至，嘗試之說鋒[4]起。若是，則聽大事煩，是又傷之也。故法而不議，則法之所不至者必廢。職而不通，則職之所不及者必隊。故法而議，職而通，無隱謀，無遺善，而百事無過，非君子莫能。故公平者，聽之衡也；中和者，聽之繩也。其有法者以法行，無法者以類舉，聽之盡也。偏黨而不經，聽之辟[5]也。故有良法而亂者，有之矣，有君子而亂者，自古及今，未嘗聞也。傳曰：「治生乎君子，亂生乎小人。」此之謂也。

注釋

1 大分：綱要。

2 假：寬容。

3 遂：通「墜」。

4 鋒：通「蜂」。

5 辟：通「僻」，邪僻。

譯文

聽取政治意見的綱要：由善意而來的意見，要以禮對待，由惡意而來的意見，要以刑罰對待。把這兩者分別出來，賢人和不肖人就不會混雜，對和錯不會混亂。賢人和不肖人不混雜，有英才傑出的人就會來到，對錯不混亂，國家就能治理。如果做到這樣，王者的名聲會愈來愈響，天下人嚮往，法令能施行，禁制能停止，王者的政治事業就完成了。

凡是聽取意見的要注意：威嚴猛烈而不喜歡寬容聽從人的人，下面的人會畏懼而不親近，隱閉真相而不盡情說出。如果是這樣的話，大事就會廢弛，小事也會墜失而敗。親和寬鬆調適通順的人，喜歡寬容聽從別人而沒有止限，奸邪言論就會出現，試探說法就會蜂擁而起。如果是這樣，要聽取大量意見，事情又繁瑣，就會傷害王者施政了。如果有法制而不作議論，法制沒有包括的範圍就一定被廢棄。有職業而不能貫通到其他職業，職業所不包括的就一定衰落。所以要做到有法制又要有議論，有職業又要貫通到其他職業，沒有隱藏的計謀，沒有遺漏的善事，百樣事情都沒有過錯，不是君子是不能做到的。能做到公平，就是聽意見而能衡量，做到中和，就是聽意見而有準繩。有法制就實行法制，沒有法制就由同類情況推理，就是想盡辦法聽意見。偏向一方而不行正道，就是邪僻的聽意見。有良好法制而國家仍有混亂，這情況是有的。有君子為王者而仍有混亂，自古至今，就未曾聽見過。古書說：治世由君子產生，亂世由小人產生。就是這個意思。

賞析與點評

荀子說聽政之道，有用刑和用禮對待兩種方式，一方面繼承儒家重視的禮，一方面也會使用法家的刑罰。荀子說應「法而議」，「職而通」，可見荀子重視法，但也重視補救法制不及的議論，又重視貫通各職業，但這只有君子能夠做到。這即是人治和法治兩者都重視的意思。可見荀子繼承儒家聖王之治的傳統，但較之前的儒家更重視法治。現代政治也常有人治和法治的爭論，荀子的看法也可作參考。

分均則不偏[1]，埶齊則不壹，眾齊則不使。有天有地，而上下有差；明王始立，而處國有制。夫兩貴之不能相事，兩賤之不能相使，是天數也。埶位齊，而欲惡同，物不能澹[2]則必爭；爭則必亂，亂則窮矣。先王惡其亂也，故制禮義以分之，使有貧富貴賤之等，足以相兼臨者，是養天下之本也。《書》曰：「維齊非齊。」此之謂也。

注釋

1 偏：部屬。

2 澹：通「贍」，滿足。

譯文

名分均等就不能使人成為部屬，勢位平齊就不能統一指使，眾人平齊就不能指使他人。有天有地，就有上下的差等分別，英明王者開始立國，處理國事就要有制度。兩人都尊貴就不能互相侍奉，兩人都卑賤就不能互相指使，這是天的定數。兩人勢位平齊而好惡相同，事物不能滿足兩人，就一定會相爭，相爭就一定會混亂，國家混亂就一定會窮困。古代的聖王厭惡混亂，所以制定禮義制度來作區分，令人有貧富貴賤的差等，就足以同時覆蓋兩者之上，這是養育天下的根本。《尚書》說：「維持整齊在於不平齊。」就是這個意思。

賞析與點評

荀子說的王制注重令天下人各人得到自己的位置，所以地位貴賤一定不可以廢除，這樣才可以上下指使，政治才可以運作。明顯這是主張政治地位的差等論，但這差等不妨礙平等的公義。因為貴賤是由賢德來決定，不是由財富來決定，所以好像不平齊、不平等，事實卻並非不平等。現代有人主張人不應該有貴賤差等，這些主張看似平等，而其實並不平等。

王者之論[1]：無德不貴，無能不官，無功不賞，無罪不罰。朝無幸位，民無幸生。尚賢使能，而等位不遺；折愿[2]禁悍，而刑罰不過。百姓曉然皆知夫為善於家，而取賞於朝也；為不善於幽，而蒙刑於顯也。夫是之謂定論。是王者之論也。

注釋

1 論：考察。

2 愿：通「僫」，狡詐。

譯文

王者的考察是這樣的：沒有德行的人，不可讓他尊貴，沒有能力的人，不可讓他做官，沒有功勞的人，不給他賞賜，沒有罪惡的人，不會受懲罰。朝廷沒有靠幸運的官位，人民沒有靠幸運的生活。崇尚賢能，使用賢能，令賢能的人有和賢德能力相等的地位，而不會遺漏。停止狡詐，禁止兇悍，刑罰不可過分。百姓都明白知道在家中做善行，會獲得朝廷賞賜。在幽暗地方為不善，會在人人看得見的地方受刑。這樣考察就叫做確定的考察。是王者的考察。

賞析與點評

荀子說無德行的人不可讓他尊貴，這個說法看起來和墨子很相似。但荀子崇尚賢能，注重德行能力和地位相等而沒有遺漏，由此而知荀子重視的仍是禮義。而墨子尚賢，是要建立公義之道，只是追求天下的利益，而非禮義。

以類行雜，以一行萬。始則終，終則始，若環之無端也，舍是而天下以衰矣。天地者，生之始也；禮義者，治之始也；君子者，禮義之始也；為之，貫之，積重之，致好之者，君子之始也。故天地生君子，君子理天地；君子者，天地之參[1]也，萬物之總也，民之父母也。無君子，則天地不理，禮義無統，上無君師，下無父子，夫是之謂至亂。君臣、父子、兄弟、夫婦，始則終，終則始，與天地同理，與萬世同久，夫是之謂大本。故喪祭、朝聘、師旅一也；貴賤、殺生、與奪一也；君君、臣臣、父父、子子、兄兄、弟弟一也；農農、士士、工工、商商一也。

注釋

1 參：並列。

譯文

用同類原則來處理複雜的事物，用統一原則來處理萬事萬物。事物開始就會終結，終結又會再開始，好像一個圓環沒有開端結尾一樣，放棄這個原則天下就會衰落。天地是生命的開始，禮義是治理天地的開始，君子是禮義的開始。實踐禮義，貫通禮義，積累禮義，極愛好禮義，是君子的開始。天地生出君子，君子治理天地，君子與天地並列，是萬物的總管、人民的父母。沒有君子，天地也沒有條理，禮義沒有統緒，在上者沒有所謂君主老師，在下者沒有所謂父子的分別，這就叫做極亂。君臣、父子、兄弟、夫婦，關係開始就會終結，終結又會再開始，人倫原則和天地的原則相同，和萬世一樣久遠，這就叫做最大的根本。喪事祭祠的禮，諸侯朝見天子的禮，軍隊的禮，原則是相同的。貴和賤、被殺和生存、給予和奪取，原則也是相同的。君要像君、臣要像臣、父要像父、子要像子、兄要像兄、弟要像弟，原則是相同的。農人要像農人，讀書人要像讀書人，工人要像工人，商人要像商人，原則也是相同的。

賞析與點評

荀子說王者的制度，是使用和天地原則相同的原則，來處理萬事萬物的複雜情況。這是天地之理，由天地生出的君子，君子治理天地，也是使用這個天地之理。即是人和天地實踐同一個道，成就了天地和人的「始終相成，如環無端」的道，聖王之道和天地之道，人道和天道得到貫通合一。

富國篇第十

本篇導讀——

《富國篇》是說經濟上國家使用財富之道。《富國篇》最初說生利、節用、裕民之道。又說不能沒有貴賤等級的區分。宮室、衣服、禮樂也要有差別，用來區別貴賤，令君主可以治天下，而百姓也會願意為此而勞苦。《富國篇》又說到在上位者不可斂財、重稅，而君主也不可侵犯百姓，而應兼愛百姓。又說天地生萬物，原本足以養人，認為墨子的憂只是私憂。真正的問題是天下混亂，而墨子的主張正是使天下混亂的原因之一。荀子認為墨子的主張只是剝削人民，是危害國家。荀子認為上位者對人民應該先有愛，民才會得利，才可以藏富於民。這才是儒家愛民保民、保國富國之道。這個道正是國家財富來源所在。荀子注重使政和，開源節流，積極地令上下都富有之道。荀子也注重人在天地之間，由天生萬物而養活，成就豐盛的生活，令人人都滿足合理的慾望。

禮者，貴賤有等，長幼有差，貧富輕重皆有稱者也。故天子袾裷[1]衣冕，諸侯玄裷衣冕，大夫裨[2]冕，士皮弁[3]服。德必稱位，位必稱祿，祿必稱用，由士以上則必以禮樂節之，眾庶百姓則必以法數制之。量地而立國，計利而畜民，度人力而授事，使民必勝事，事必出利，利足以生民，皆使衣食百用出入相揜，必時臧餘，謂之稱數。故自天子通於庶人，事無大小多少，由是推之。故曰：「朝無幸位，民無幸生。」此之謂也。

注釋

1 袾：通「朱」，紅色。裷：通「衮」，畫有捲曲龍形圖的衣服。

2 裨：地位卑下的衣服。

3 皮弁：白色鹿皮做的帽。

譯文

禮是有貴賤等級的，長幼有差別的，貧富和權力輕重都有適宜的規定。所以天子穿紅色龍形圖案衣帽，諸侯穿黑色龍形圖案衣帽，大夫穿卑下的衣帽，士穿白色的衣帽。德行一定要和地位相稱，地位一定要和俸祿相稱，俸祿一定要和使用相稱，由士開始，士以上地位的人一定要用禮樂來節制，百姓平民就一定要用法制法度來節制。量度土地而確立國土，計算利益而養活人民，量度人的能力而授予事務，役使人民一定要給予能勝任的事務，事務一定要生出利益，利益足以養活人民，都要令人民的日用衣食、支出和收入保持平衡，一定時常收藏起有餘的，這就叫做和法度相稱。所以由天子貫通到平民，事務無論大小或多少，都是由此類推。所以說：「朝廷沒有靠幸運的官位，人民沒有靠幸運的生活。」就是這個意思。

賞析與點評

荀子認為君主要做的是量度土地，計算利益，量度人的能力，這是增加利益，節約使用，令人民富裕的方法。君主做的事，是為了人民，而不是國家的名聲或地位等。

人之生不能無群，群而無分則爭，爭則亂，亂則窮矣。故無分者，人之大害也；有分者，天下之本利也；而人君者，所以管分之樞要也。故美之者，是美天下之本也；安之者，是安天下之本也；貴之者，是貴天下之本也。古者先王分割而等異之也，故使或美，或惡，或厚，或薄，或佚或樂，或劬或勞，非特以為淫泰[1]夸麗之聲，將以明仁之文，通仁之順也。故為之雕琢、刻鏤、黼黻文章[2]，使足以辨貴賤而已，不求其觀；為之鐘鼓、管磬、琴瑟、竽笙，使足以辨吉凶[3]、合歡、定和而已，不求其餘；為之宮室、臺榭，使足以避燥溼、養德、辨輕重而已，不求其外。《詩》曰：「雕琢其章，金玉其相，亹亹[4]我王，綱紀四方。」此之謂也。

注釋

1 淫：過分。泰：奢侈。

2 黼黻（粵：斧拂；普：fǔ fú）文章：古代禮服上的花紋。

3 吉凶：吉事和凶事。如婚禮和喪禮。

4 亹（粵：美；普：wěi）亹：勤懇的樣子。

譯文

人的生活不能沒有群體，群體沒有名分就會相爭，相爭就會混亂，混亂國家就窮困。所以沒有名分，是人的大災害。有名分，是天下的根本利益。君主是管理名分的樞紐。所以讚美君主，是讚美天下的根本。安於君主，是安於天下的根本。尊崇君主，是尊崇天下的根本。古代聖王用名分來分別，用等級表示不同，有些人要受讚美，有些人要受厭惡，有些人要受厚待，有些人要待遇微薄，有些人安逸，有些人快樂，有些人勞苦，並非特別用來作為奢侈過分華麗的名聲，而是用來顯明仁德的文制，貫通仁德的順序。所以為各人雕刻器具，繪畫花紋。令人可以由器具來辨別貴賤而已，而不是追求外觀。造鐘鼓、管磬、琴瑟、竽笙，令人可以由音樂來辨別吉凶、一起歡慶、成就和諧氣氛而已，不是追求其他目的。建造宮室、臺榭，令人可以避開乾燥潮溼，修養德行，辨別尊卑輕重而已，不是追求外表。《詩經》說：「雕琢花紋，有金玉的外貌，勤懇的我國君主，治理四方。」就是這個意思。

賞析與點評

人是群居的，但群居一定要有名分，又一定要有君主來管理名分。所以貴賤不能沒有差等。人的宮室、衣服、禮樂，都不能沒有差等，用來分辨貴賤，令君主可以治理萬物萬民。而百姓要靠君主的智慧來治理，所以百姓會讚美君主的仁厚和德行，百姓願意為仁德的君主勞苦，甚至出生入死救助他，又會繪畫很多花紋來裝飾。這是說人的生活應有貴賤等級，但要是百姓願意的，並不是君主強加上去的。

若夫重色而衣之，重味而食之，重財物而制之，合天下而君之，非特以為淫泰也，固以為主天下，治萬變，材萬物，養萬民，兼制天下者，為莫若仁人善也夫。故其知慮足以治之，其仁厚足以安之，其德音足以化之，得之則治，失之則亂。百姓誠賴其知也，故相率而為之勞苦以務佚之，以養其知也；誠美厚也，故為之出死斷[1]亡以覆[2]救之，以養其厚也；誠美其德也，故為之雕琢、刻鏤、黼黻、文章以藩飾之，以養其德也。故仁人在上，百姓貴之如帝，親之如父母，為之出死斷亡而愉者，無它故焉，其所是焉誠美，其所得焉誠大，其所利焉誠多。《詩》曰：「我任我輦，我車我牛，我行既集，蓋云歸哉！」此之謂也。

注釋

1 斷：決斷。

2 覆：捍衛。

譯文

君主注重顏色而穿衣，注重味道而吃食物，注重財物而控制金錢，為了統合天下而做君主，這並非因為過分奢侈，而是因為要治理天下，治理變化，管理萬物，養育萬民，同時治理天下萬民，這就沒有比仁德的人更好了。仁德的人智慧思慮足以治國，仁厚足以安定天下，德行的聲望足以化育天下，得到仁德的人就能治理國家，失去就會混亂。百姓真是要靠他的智慧，所以一起為他勞苦而使他安逸，以培養他的智慧；百姓真的讚美他仁厚，所以會為他出生入死而救護他，以培養他的仁厚；百姓真的讚美他的德行，所以為他雕琢、雕刻、製作花紋用來裝飾，以培養他的德行。所以仁德的人在上位，百姓尊崇他好像上帝，親近他好像父親母親，為他出生入死而感到愉快，沒有其他原因，就是因為他肯定的理想真是美的，他所得到的成就真是大的，他所獲得的利益真是多的。《詩經》說：「我背起糧食，我拉車，我扶車，我牽牛，我的行為既已完成，都說要歸去了。」就是這個意思。

賞析與點評

百姓實際的生活是有等級分別的，百姓也會歌頌在上位者，但這些表現都是自願的，因為在上位者是賢能仁德的君子。所以在上位者不易為，德行要好、能力要強，責任重大，最重要是一心為民。

墨子之言昭昭然為天下憂不足。夫不足非天下之公患也，特墨子之私憂過計也。今是土之生五穀也，人善治之，則畝數盆[1]，一歲而再獲之。然後瓜桃棗李一本數以盆鼓[2]；然後葷菜[3]百疏以澤量；然後六畜禽獸一而剸[4]車；黿、鼉、魚、鱉、鰌、鱣以時別[5]，一而成群；然後飛鳥、鳧、雁若煙海；然後昆蟲萬物生其間，可以相食養者，不可勝數也。夫天地之生萬物也，固有餘，足以食人矣；麻葛繭絲、鳥獸之羽毛齒革也，固有餘，足以衣人矣。夫有餘，不足非天下之公患也，特墨子之私憂過計也。

注釋

1 盆：量器，一盆共十二斗八升。

2 鼓：量器，一鼓共十斗。

3 葷菜：有強烈氣味的蔬菜。

4 剸：通「專」。

5 鼉（粵：駝；普：tuó）：揚子鱷。鱣（粵：沾；普：zhān）：指鱘魚或鰉魚一類的魚。

譯文

墨子的言論很明顯是為天下人擔憂不足夠。其實不足夠並不是天下公共的禍患，只是墨子的私人憂慮過度而已。現在的土地生出五穀，人善於治理，每畝可以生產數盆，一年可以再收穫多一次。而瓜桃棗李的果實每一棵都要用盆和鼓來數。葷菜和蔬菜多得以山澤量度。而六畜和禽獸一隻就大得要用專門的車來載，黿、鼉、魚、鱉、鰍、鱣魚按不同時期繁殖，一條可養成一群，飛鳥、鳧、雁多如煙霧大海，還有昆蟲萬物在其中生長，可以互相飼養，多得不可勝數。天地生出萬物，是有餘的，足以讓人食用，麻葛繭絲、鳥獸的羽毛牙齒皮革，也是有餘的，足以給人衣着。事物是有餘的，不足夠並不是天下的公共禍患，只是墨子的私人憂慮過度而已。

賞析與點評

荀子認為天地萬物，原本是有餘的，足以養活人，但墨子擔憂不足，只是私人的憂慮而已。人類的問題不在於不足。

天下之公患，亂傷之也。胡不嘗試相與求亂之者誰也？我以墨子之「非樂」也，則使天下亂；墨子之「節用」也，則使天下貧，非將墮之也，說不免焉。墨子大有天下，小有一國，將蹙然衣粗食惡，憂戚而非樂。若是則瘠，瘠則不足欲；不足欲則賞不行。墨子大有天下，小有一國，將少人徒，省官職，上功勞苦，與百姓均事業，齊功勞。若是則不威；不威則罰不行。賞不行，則賢者不可得而進也；罰不行，則不肖者不可得而退也。賢者不可得而進也，不肖者不可得而退也，則能不能不可得而官也。若是，則萬物失宜，事變失應，上失天時，下失地利，中失人和，天下敖[1]然，若燒若焦，墨子雖為之衣褐[2]帶索，嚽菽[3]飲水，惡能足之乎？既以[4]伐其本，竭其原[5]，而焦天下矣。

注釋

1 敖：通「熬」。

2 褐：粗衣。

3 嚽：通「啜」，吃。菽：粗劣的蔬菜。

4 以：通「已」。

5 原：通「源」。

譯文

天下公共的禍患，都是因為混亂的傷害。何不嘗試一起尋求令天下混亂的人是誰呢？我以為墨子反對音樂的主張令天下混亂，墨子節用的主張令天下貧困。這樣説並不是指責墨子很壞，而是認為他的主張不免會變成這樣。墨子如果權力大而擁有天下，或如果權力小而只擁有一個國家，就會憂愁地穿粗衣，吃差劣食物，憂愁而反對音樂。如果是這樣，生活就很貧瘠，貧瘠的生活就不足以讓人追求，在不足以追求的生活中，獎賞是行不通的。墨子如果權力大而擁有天下，小則擁有一國，就會減少跟從的人，減省官職，崇尚功績，願意勞苦，和百姓一起做一樣的事業，一起有功勞。如果是這樣，他就沒有威信，沒有威信就不能實行刑罰。不能實行獎賞，賢能的人就不可得獎賞而獲取官職，不能實行刑罰，不賢能的人就不可得刑罰而辭退。賢能的人不可得獎賞而進入，不賢能的人不可得刑罰而辭退，這樣賢能和不賢能的人不可得到相應的官職。如果是這樣，萬物就會失去適宜的發展，事物變化會失去適當的回應，在上失去天時，在下失去地利，中間失去人和，天下好像被煎熬，好像被燒焦。墨子雖然為了天下而穿粗衣腰帶，吃粗糧和飲水，但又怎能令天下富足呢？既然已砍伐了根本，枯竭了源頭，天下當然是燒焦了。

賞析與點評

真正的禍患，其實是天下混亂。而正是因為墨子主張節用，上位者與百姓一樣的勞苦，令上位者沒有威信實行賞罰，不能任用賢能，辭退不賢能的人，所以處理萬事萬物失當，天下就會混亂。

故先王聖人為之不然：知夫為人主上者，不美不飾之不足以一民也，不富不厚之不足以管下也，不威不強之不足以禁暴勝悍也，故必將撞大鐘，擊鳴鼓，吹笙竽，彈琴瑟，以塞其耳；必將錭[1]琢刻鏤，黼黻文章，以塞其目；必將芻豢[2]稻粱，五味[3]芬芳，以塞其口。然後眾人徒，備官職，漸慶賞，嚴刑罰，以戒其心。

使天下生民之屬，皆知己之所願欲之舉在是于也，故其賞行；皆知己之所畏恐之舉在是于也，故其罰威。賞行罰威，則賢者可得而進也，不肖者可得而退也，能不能可得而官也。若是則萬物得宜，事變得應，上得天時，下得地利，中得人和，則財貨渾渾[4]如泉源，汸汸[5]如河海，暴暴如丘山，不時焚燒，無所臧之。夫天下何患乎不足也？故儒術誠行，則天下大[6]而富，使而功，撞鐘擊鼓而和。《詩》曰：「鐘鼓喤喤，管磬瑲瑲，降福穰穰[7]，降福簡簡，威儀反反[8]。既醉既飽，福祿來反[9]。」此之謂也。

注釋

1 錭：通「雕」。
2 芻豢：食用的牲畜。
3 五味：甜、鹹、酸、苦、辣。
4 渾渾：通「滾滾」。
5 汸汸：通「滂滂」。
6 大：通「泰」，平安。
7 穰穰：形容多。

8 反反：慎重和諧，引伸為整齊。

9 反：通「返」。

譯文

所以先王聖人不是這樣的。他們知道作為人民的君主，沒有美麗外表和裝飾不足以統一人民，沒有財富和豐厚待遇不足以管理下層，沒有威信和軍隊強大不足以禁止殘暴和兇悍。所以一定要敲撞大鐘，敲擊大鼓，吹笙和竽，彈琴和瑟，用來填塞人的耳朵。一定要雕刻圖案，繪畫花紋，用來填塞人的眼睛。一定要有肉食稻米糧食，美味芳香，用來填塞人的口。然後增加跟隨人員，完備各種官職，增加獎賞，嚴謹施刑罰來警戒人心。令天下人民都知道自己所希望追求的全部都在這裏，所以獎賞能夠實行。人民都知道自己所畏懼的全部在這裏，所以刑罰能夠有威信。賞和罰能夠實行，賢能的人就得以加入，不賢能的人就可以辭退，賢能和不賢能的人可以得到相配的官職。這樣，萬物就得到適宜的發展，事物變化得到適當的回應，在上得到天時，在下得到地利，中間得到人和，財富滾滾來好像泉水源頭，浩蕩好像河海，高大好像山丘，不時焚燒了，也還是多得不能收藏。天下又怎怕不足夠呢？所以儒家的方法真的實行，天下就太平而富有，使用人民都有功勞，撞鐘擊鼓而和諧。《詩經》說：「鐘鼓聲很響，管磬聲很鏗鏘，上天降福很多，上天降福很廣，威儀很整齊。人民又醉又飽，福祿自然回來。」就是這個意思。

賞析與點評

君主應做的是完備各等級，令賞罰能實行，人民相信君主，賢能的人得到任用，人民自然活得安樂。當然，前提是君主是賢能的人。

觀國之強弱貧富有徵驗：上不隆禮則兵弱，上不愛民則兵弱，已[1]諾不信則兵弱，慶賞不漸則兵弱，將率不能則兵弱。上好功則國貧，上好利則國貧，士大夫眾則國貧，工商眾則國貧，無制數度量[2]則國貧。下貧則上貧，下富則上富。故田野縣鄙[3]者，財之本也；垣窌[4]倉廩者，財之末也。百姓時和，事業得敘者，貨之源也；等賦府庫者，貨之流也。故明主必謹養其和，節其流，開其源，而時斟酌[5]焉。潢然使天下必有餘，而上不憂不足。如是，則上下俱富，交無所藏之。是知國計之極也。故禹十年水，湯七年旱，而天下無菜色者，十年之後，年穀復熟，而陳積有餘。是無它故焉，知本末源流之謂也。故田野荒而倉廩實，百姓虛而府庫滿，夫是之謂國蹶。伐其本，竭其源，而并之其末，然主相不知惡也，則其傾覆滅亡可立而待也。以國持之，而不足以容其身，夫是之謂至貧，是愚主之極也。將以求富而喪其國，將以取利而危其身，古有萬國，今有十數焉，是無它故焉，其所以失之一也。君人者亦可以覺矣。百里之國，足以獨立矣。

注釋

1 已：通「止」，禁止。

2 制：面積。數：數目。度：長度。量：容量。制數度量，即是法度的意思。

3 鄙：五鄙為一縣。泛指鄉村。

4 垣：矮牆。窌：通「窖」，引申為囤糧的地方。

5 斟酌：酒篩得少叫斟，酒篩得多叫酌。引申為調節的意思。

譯文

看國家強弱貧富是有徵兆的：上位的人不尊崇禮義，兵力就弱；上位的人不愛人民，兵力就弱；禁止和承諾都不守信，兵力就弱；獎賞不加重，兵力就弱；將帥率領無能，兵力就弱。上位的人愛好功績，國家就貧窮；上位的人愛好利益，國家就貧窮；士大夫眾多，國家就貧窮；工人商人眾多，國家就貧窮；沒有法度，國家就貧窮。下層人民貧窮，上位的人也貧窮，下層人民富有，上位的人也富有。所以田野鄉村，是財富的根本，地窖穀倉，是財富的末節。百姓四時和順，事業有次序，是財富的源頭。等級賦稅和國庫，是財富的支流。所以英明君主一定嚴謹培養和順的情況，節制支流，開發源頭，按四時斟酌變化。財富湧來天下一定有餘，上位的人不會擔憂不足夠。如果是這樣，就上位和下層的人都富有，互相都多得沒有辦法收藏。這就是國家計劃的極致了。所以帝禹時有十年水患，商湯時有七年旱災，但天下都沒有面帶菜色的人。十年之後，每年的穀又再成熟，而舊積蓄還有餘。沒有其他原因，就是因為知道本末源流。所以田野荒廢而國家倉庫充實，百姓空虛而國庫充滿，這就叫做國家垮掉。砍伐了根本，源頭枯竭，資源都併入了末流的國家倉庫，但君主宰相仍不知道是惡的，這樣，國家傾覆滅亡是會立即來到。用國家來維持他一人，但仍然不足以給他容身，這就叫做最貧困，是愚昧君主的極致。想要取得富貴而喪失了國家，想要取得利益而危害自身，古代有一萬個國家這樣，現在有十數個國家這樣，沒有其他原因，他們所以失去的原因是一樣的。作為君主的人也應該覺悟了。其實面積一百里的小國家，也足夠獨立了。

賞析與點評

荀子認為墨子主張的非樂、節用，會令天下貧困。因為沒有音樂的等級，就沒有適當的讚美和裝飾，上位者沒有威信實行賞罰，辭退不賢，任用賢能，百姓的生產也沒有功績，天下就會混亂而貧困。荀子由富民而成就富國的觀點很明顯。荀子注重先養政和，開源節流，積極令上下都富有。所以墨子的主張只是消極的追求節用、非樂。荀子讚美財貨滾滾，正正見到荀子注重人在天地之間，天生萬物養活人民，而成就豐盛的生活。現代的中國資源豐富，但很多人民仍然貧困，是否有實踐由富民而富國的政治思路？為何天生萬物不足以養人？荀子的看法應有所提示。

王霸篇第十一

本篇導讀——

《王霸篇》說怎樣才可以做到王者和霸者。王者和霸者，是以義和信為道。君主要能夠以義和信為標準任用人，才足以容納天下的賢能之士。而王者要愛民如子，又要能治理遠和近，不能的就不是王者。最後更說，明主治理應該掌握綱要而不可太直接詳細，讓人民和百官盡其職能。這說法和老莊說的無為而治有些接近。但老莊的無為，是不主張為政，而荀子一定要選賢能，崇尚禮義，人民和百官各盡其職，和老莊是不同的。由此可見，荀子之道是肯定不同的人，在不同的範疇，各得其位，各自有成就，肯定一個多元化的人文世界。

故[1]用國者，義立而王，信立而霸，權謀立而亡。三者明主之所謹擇也，仁人之所務白也。

注釋

1 故：發語詞。

譯文

治理國家的人，確立公義的就是王者，確立誠信的就是霸者，確立權謀的就只有滅亡。這三者，是英明君主所要謹慎選擇的，仁德君子所務必要明白的。

賞析與點評

荀子認為真正的王者和霸者，是以公義和誠信為王霸之道，但君主卻常常選擇權謀之術，這是應小心的。這不是現代從政者也很需要的準則嗎？

故國者、重任也，不以積持之則不立。故國者，世所以新者也，是憚[1]，憚、非變也，改王改行[2]也。故一朝之日也，一日之人也，然而厭焉[3]有千歲之國，何也？曰：援夫千歲之信法以持之也，安與夫千歲之信士為之也。人無百歲之壽，而有千歲之信士，何也？曰：以夫千歲之法自持者，是乃千歲之信士矣。故與積禮義之君子為之則王，與端誠信全之士為之則霸，與權謀傾覆之人為之則亡。三者明主之所以謹擇也，仁人之所以務白也。善擇之者制人，不善擇之者人制之。

注釋

1 憚：通「禪」，更替。

2 王：通「玉」。行：步行的禮儀。

3 厭焉：安然。

譯文

治理國家，責任重大，但如果不加以經驗積累和持守就不能建立。國家，每個世代都會更新的，這就是君主的更替。君主更替並不表示禮義法制變了，而只是佩玉和步行禮儀的改變而已。一日短如一朝，人生短如一日，但千年的國家卻安然存在，為甚麼呢？答：因為國家援引了千年以來的誠信法制來持守着，和用了千年以來的誠信人物來治理。人生壽命長的只可以有一百歲，但國家千年以來都有誠信的人，為甚麼呢？答：因為國家用了千年的法制來自我持守着，所以有千年的誠信人物。所以用積累禮義的君子來治理，就是王者，用端正誠信完全的人來治理，就是霸者，用權謀傾覆手段來治理，就會滅亡。這三者，是英明君主所以要謹慎選擇的，仁德的人所以務必要明白的。善於選擇的人可治理人，不善於選擇的人只好由他人治理。

賞析與點評

王者和霸者以公義和誠信為標準，但一定要積累持守才能建立公義和誠信。一個朝代的長治久安總是有原因的，傳統的建立並不容易。中華民族一直維持到現在也是有原因的，這就是文化的力量。王者和霸者要建立的是文化，而不只是經濟和軍事力量。

彼持國者，必不可以獨也，然則彊固[1]榮辱在於取相矣。身能相能，如是者王，身不能，知恐懼而求能者，如是者彊；身不能，不知恐懼而求能者，安唯便僻左右親比己者之用，如是者危削；綦之而亡。國者，巨用之則大，小用之則小；綦大而王，綦小而亡，小巨分流者存。巨用之者，先義而後利，安不卹親疏，不卹貴賤，唯誠能之求，夫是之謂巨用之。小用之者，先利而後義，安不卹是非，不治曲直，唯便僻親比己者之用，夫是之謂小用之。巨用之者若彼，小用之者若此，小巨分流者，亦一若彼，一若此也。故曰：「粹而王，駁而霸，無一焉而亡。」此之謂也。

注釋

1 固：通「盬」，脆弱。

譯文

那些治理國家的人，一定不可以獨自一人治理，國家的強大或脆弱、光榮或恥辱都在於取用的宰相。君主自身賢能，宰相賢能，這樣就能稱王天下。君主自身不賢能，但知道恐懼而尋求賢能的人，這樣國家就能強大。君主自身不賢能，但不知道恐懼而尋求賢能的人，只任用身邊小人、左右親近自己的人，這樣國家就會危險削弱，到極致就會滅亡。國家，治理得大就會強大，治理得小就會弱小，大到極致就稱王天下，小到極致就會滅亡，小大一半就會存在。大治的國家，是先實行公義然後才求利益，任用人不理會親疏，不理會貴賤，只有誠信才能夠求得到，這就叫做大治國家。小治的國家，是先求利益然後才實行公義，治理時不理會是非對錯，不分曲直，只任用身邊小人、親近自己的人，這就叫做小治國家。大治國家是那樣，小治國家是這樣，小治和大治各一半，有時像那樣，有時像這樣。所以說：「純粹實行公義，任用賢人就是王者。駁雜追求利益，任用賢人和小人就是霸者。一些公義也沒有，不任用賢人，就會滅亡。」就是這個意思。

賞析與點評

王者霸者都要以義和信為道，由這個標準而任用官員治理天下，才能成為大國。全國官員都是小人，追求利益，不追求公義，即使經濟多麼強勁，國家又怎麼可能成為大國呢？

上莫不致愛其下，而制之以禮。上之於下，如保赤子，政令制度，所以接下之人百姓，有不理者如豪末，則雖孤獨鰥寡必不加焉。故下之親上，歡如父母，可殺而不可使不順。君臣上下，貴賤長幼，至於庶人，莫不以是為隆正；然後皆內自省，以謹於分。是百王之所同也，而禮法之樞要也。然後農分田而耕，賈分貨而販，百工分事而勸，士大夫分職而聽，建國諸侯之君分土而守，三公總方而議，則天子共[1]己而止矣。出若入若，天下莫不均平，莫不治辨。是百王之所同，而禮法之大分也。

注釋

1 共：通「拱」。

譯文

上位的人沒有不愛他下面的人民，而會用禮義節制他們。上位的人對於下面的人民，好像保護赤子一樣，政令和制度，都是用來接應下面的人民百姓，有些不合理的地方，即使好像毫毛那樣細小，也一定不會加在鰥寡孤獨的人身上。所以在下的人民親愛上位的人，歡喜得好像對待父母。你可以殺死這樣的人民，但不可以令他們不順從君主。無論君臣上下，貴賤長幼，到平民百姓，沒有不認為這是最高而正當的標準。然後人人都向內自我反省，小心謹慎處理自己的名分。這是歷代聖王所相同的，也是禮法的樞紐。然後農人分配田地耕種，商人分配貨物販賣，工人分配事務去用力，士大夫分配職位去處理政務，建立國家的諸侯君主分配了土地就要守護，三公總括各方面事務而議政，天子讓自己拱手就可以了。朝廷內外，天下沒有不平均的，沒有不治理的。這是歷代聖王相同的，禮法的綱要。

賞析與點評

君主對人民如赤子，人民對君主如父母，這是聖王相同的地方。這是因為由上而下人人都向內自我反省。這是中國文化一直以來希望提升人精神的方向，要人反求諸己。

主道：治近不治遠，治明不治幽，治一不治二。主能治近則遠者理，主能治明則幽者化，主能當一則百事正。夫兼聽天下，日有餘而治不足者，如此也，是治之極也。既能治近，又務治遠；既能治明，又務見幽；既能當一，又務正百，是過者也，過猶不及也。辟[1]之是猶立直木而求其影之枉也。不能治近，又務治遠；不能察明，又務見幽；不能當一，又務正百，是悖者也。辟之是猶立枉木而求其影之直也。故明主好要，而闇主好詳；主好要則百事詳，主好詳則百事荒。君者、論[2]一相，陳一法，明一指[3]，以兼覆之，兼炤之，以觀其盛者也。相者，論列百官之長，要百事之聽，以飾[4]朝廷臣下百吏之分，度其功勞，論其慶賞，歲終奉其成功以效於君。當則可，不當則廢。故君人勞於索之，而休於使之。

注釋

1 辟：通「譬」。

2 論：通「掄」，選擇。

3 指：通「旨」。

4 飾：通「飭」，整治。

譯文

君主之道：治理近處的事情，不治理遠處的事情，治理光明的事情，不治理幽暗的事情，治理統一的事情，不治理各樣瑣碎事情。君主能夠治理近處的事情，遠方的事情也能治理；君主能夠治理光明的事情，幽暗的事情也能受教化；君主能夠適當地處理統一事務，其他一百件事情也會正確。君主能夠同時處理天下事情，做到每日時間有餘，而要治理的事情不足，這樣，就是治理的極致。既治理近處，又力求治理遠方，既治理光明的，又力求看見幽暗的，既適當地處理統一事情，又力求令百樣事情都正確，這就是過分要求了，過分猶如不及，同樣不對。譬如：好像要豎立直的木塊而要求它的影是彎曲的一樣。不能夠治理近處，又力求治理遠處，不能夠明察光明的，又力求看見幽暗的，不能夠適當處理統一的事情，又力求百樣事情正確，就是道理上違背了。譬如：好像豎立彎曲的木塊而要求它的影是直的一樣。所以英明君主愛好掌握綱要，而昏闇君主愛好管詳細事務。君主愛好掌握綱要，百樣事情也會管得詳細。君主愛好管詳細事務，百樣事情就荒廢了。君主，只選一個宰相，公佈一個法制，說明一個宗旨，這樣同時覆蓋一切，照明一切，而可以看見國家興盛。宰相，選擇排列百官的長官，總管百事的處理，用來整飭朝廷臣下官吏的名分，量度他們的功勞，論定他們的獎賞，年終時把他們成功的事報告君主。適當就給予肯定，不適當就要廢除。所以君主應勞苦地尋求宰相，休閒地使用宰相。

賞析與點評

君主之道，是治近不治遠，治明不治幽，治一不治二。想同時治遠和近、幽和明、一和百，就是過分。不能治近而想治遠，不能察明而想見幽，不能處理統一的而想處理繁瑣事務，就是違背。所以明主和闇主的分別，是掌握綱要，不是瑣碎細目。我們有時看見領導人孜孜處理民間細務，就知道他是闇非明了。

儒者為之不然，必將曲辨[1]：朝廷必將隆禮義而審貴賤，若是、則士大夫莫不敬節死制者矣。百官則將齊其制度，重其官秩，若是、則百吏莫不畏法而遵繩矣。關市幾[2]而不征，質律[3]禁止而不偏，如是、則商賈莫不敦慤而無詐矣。百工將時斬伐，佻[4]其期日，而利其巧任，如是，則百工莫不忠信而不楛[5]矣。縣鄙[6]則將輕田野之稅，省刀布之斂，罕舉力役，無奪農時，如是、則農夫莫不朴力而寡能矣。士大夫務節死制，然而兵勁。百吏畏法循繩，然後國常不亂。商賈敦慤無詐，則商旅安，貨通財，而國求給矣。百工忠信而不楛，則器用巧便而財不匱矣。農夫朴力而寡能，則上不失天時，下不失地利，中得人和，而百事不廢。是之謂政令行，風俗美，以守則固，以征則彊，居則有名，動則有功。此儒之所謂曲辨也。

注釋

1 辨：通「辦」，治理。
2 幾：通「譏」，檢查。
3 質律：貿易時用的代金券，引申為貿易。
4 佻：通「迢」，遠。引申為放寬。

5 楛：通「盬」，粗劣。

6 縣鄙：五鄙為縣，泛指郊野。

譯文

儒者不是這樣的，一定會曲折地治理好國家。朝廷上，儒者一定會尊崇禮義而審明貴賤，這樣，士大夫就沒有不尊敬禮節，願意為禮制而死了。對待百官，儒者就會統一整齊制度，注重官職的俸祿，這樣，百官就沒有不敬畏法制而願遵從標準。對於關卡和市集，檢查而不徵稅，對於貿易，禁止作假而做到不偏聽，這樣，商人就沒有不敦厚誠實而沒有欺詐。對於各種工匠，要按時節斬伐木材，放寬期限，有利他們發揮技巧，這樣，百工就沒有不忠誠信實而不會製作粗劣。對待鄉村田野，會減輕農田的徵稅，減省貨幣的斂取，減少舉行勞力的役使，不會侵奪農人的時節，這樣，農夫就沒有不樸實地努力耕作，而不會尋求其他能力維生。士大夫力求節義而願為禮制而死，這樣，兵力就強勁。百官敬畏法制標準，然後國家就可以經常不亂。商人敦厚老實不欺詐，外來的商旅就安全，貨物金錢就能流通，國家的需求就得到供給。各種工匠誠信而不製作粗劣，器物用具精巧便利，財物就不會匱乏。農夫樸實努力而不尋求其他能力，這樣就在上不會失去天時，在下不會失去地利，中間得到人和，各種事情不會廢弛，這就叫做政令能夠通行，風俗美善。以這種治理方式來持守國家就能穩固，出征就會強大有力，安居就有名聲，勞動就有功績。這就是儒家所說的曲折治理了。

賞析與點評

儒者的曲辨治理，其實就是尊崇禮義，明察貴賤百官，少稅，令各人可以各盡其職。這就是說，君主應該掌握綱要，而不是各人具體的職務，所以叫做曲辨。

君道篇第十二

本篇導讀——

《君道篇》是說君子是治理天下的本源。首先說君子是法制的本源，君主要培養這個本源，即是首先君主要自己修養德行，做一個君子。再說君主之道，在於用禮法施行。又說君主是日晷儀，人民是影。君主又要能治理群體，安排好職分、事業統領各類人物。君主又不可以獨自一人治理，一定要有人輔助。可見荀子的君主，是一個能夠由仁心和智慧令群眾都能夠生活，各得其位，各自表現出賢能，又有衣服花紋的興盛來裝飾，令人民親近和安樂的人。君主的地位雖在上位，但治理群眾的心意也應該說清楚，才能貫通上下。這種主張大體上和儒家孔孟的君道主張相同，但和法家韓非子說君主的心意不可讓人知道的主張相反。荀子特別就君主的各種治理人的具體事情來說，可見荀子說君主能夠統領天下，正在於能夠清楚知道，要貫通到不同種類的人和不同種類的事。可見荀子的聖王是對整個人文世界的肯定和統一。

有亂君，無亂國；有治人，無治法，羿[1]之法非亡也，而羿不世中；禹之法猶存，而夏不世王。故法不能獨立，類[2]不能自行；得其人則存，失其人則亡。法者、治之端也；君子者、法之原也。故有君子，則法雖省，足以遍矣；無君子，則法雖具，失先後之施，不能應事之變，足以亂矣。不知法之義，而正法之數者，雖博，臨事必亂。故明主急得其人，而闇主急得其埶。急得其人，則身佚而國治，功大而名美，上可以王，下可以霸；不急得其人，而急得其埶，身勞而國亂，功廢而名辱，社稷必危。故君人者，勞於索之，而休於使之。《書》曰：「惟文王敬忌，一人以擇。」此之謂也。

注釋

1 羿：即后羿，夏朝善於射箭的人。

2 類：法制的類屬，泛指法則。

譯文

有令國家混亂的君主，沒有自然混亂的國家。有令國家治理的人，沒有自然治理的法制。后羿的射箭方法沒有消失，但后羿不能令後世的人都射中。大禹的法制仍然存在，但夏朝不能在後世稱王天下。所以單單法制不能獨立治國，法則不能自然執行。得到治國人才，國家才存在，沒有治國人才，國家就會滅亡。法制，是治理國家的開端，君子，是法制的本源。所以只要有君子，法制即使省略一些，也足以普遍地使用。沒有君子，法制即使俱全，實施時也會失去先後次序，不能夠應付事情變化，足以造成混亂。不知道法制的意義，只知做修正法制條文的人，雖然知道得多，遇到事情一定會混亂。所以英明君主會急於得到君子，而昏昧的君主就會急於得到權勢。急於得到君子的，自己就會安逸而國家得到治理，功績大而聲名美好，做得好可以成為王者，差一些也可以成為霸者。不急於得到君子而急於得到權勢的，自己就會勞累而國家混亂，功績偏廢而名聲受辱，社稷一定危險。所以君主，應勞動尋找君子，而使用君子時自己就可以休息。《尚書》說：「因為周文王恭敬戒懼，自己小心選擇。」就是這個意思。

賞析與點評

現代人崇尚法制，荀子則重視人才。荀子說得清楚，法制只是開端，最後也要由人執行。所以說君子才是本源。社會上沒有君子，只有小人，再怎麼良好的法制也是枉然。荀子重視培養人成為君子，是培養人才，認為這才是治國的根本。

合符節[1]，別契券[2]者，所以為信也；上好權謀，則臣下百吏誕詐之人乘是而後欺。探籌、投鉤者，所以為公也；上好曲私，則臣下百吏乘是而後偏。衡石[3]稱縣者，所以為平也；上好覆傾，則臣下百吏乘是而後險。斗斛敦概[4]者，所以為嘖[5]也；上好貪利，則臣下百吏乘是而後豐取刻與，以無度取於民。故械數者，治之流也，非治之原也；君子者，治之原也。官人守數，君子養原；原清則流清，原濁則流濁。故上好禮義，尚賢使能，無貪利之心，則下亦將綦辭讓，致忠信，而謹於臣子矣。如是則雖在小民，不待合符節，別契券而信，不待探籌投鉤而公，不待衡石稱縣而平，不待斗斛敦概而嘖。故賞不用而民勸，罰不用而民服，有司不勞而事治，政令不煩而俗美。百姓莫敢不順上之法，象上之志，而勸上之事，而安樂之矣。故藉斂[6]忘費，事業忘勞，寇難忘死，城郭不待飾而固，兵刃不待陵[7]而勁，敵國不待服而詘，四海之民不待令而一，夫是之謂至平。《詩》曰：「王猶允[8]塞，徐[9]方既來。」此之謂也。

注釋

1 符節：古代的出入關憑證。把寫有文字的竹片一分為二，雙方各持一片，兩片合起來完全符合，才可通行。

2 契券：也是古代的一種憑證，和符節相似。兩半相合，契合才有效，故叫契券。

3 衡石：量度重量器具的通稱。衡，秤。石，古代重量單位，一百二十斤為一石。

4 斗斛敦概：斛，古代量器，十斗為一斛。敦，量黍稷的器具，一斗二升為一敦。概，量米時刮平斛斗的木板。

5 嘖：通「嫧」，整齊，劃一。

6 藉：進貢。斂：賦稅。

7 陵：通「淩」，冰，引申冷卻，淬煉。

8 允：真的。

9 徐：國名。

譯文

把符節相合，辨別契券，是因為要有信用。上位的人愛好權謀，臣下百官中詭詐欺騙的人會乘機跟着欺騙。抽籤，投鉤，是因為要公正。上位的人愛好偏私，臣下百官就乘機跟着偏私。用衡石稱量，是因為要公平。上位的人愛好傾覆一邊，臣下百官就會乘機跟隨行險。用斗斛敦概，是因為要劃一標準。上位的人愛好貪取利益，臣下百官就會乘機跟隨多拿少給，以至無限度地由人民身上拿取。所以器械方法，都是治理的支流，不是治理的本源。君子才是治理的本源。官員遵守法則，君子培養本源，本源清澈，支流就清澈，本源混濁，支流就混濁。所以上位的人愛好禮義，崇尚賢能，沒有貪圖利益的心，在下的百官也會極能辭讓，極忠信，而謹慎地做臣子。這樣，在平民之中，不必等待符節相合和辨別契券就有信用，不必等待抽籤投鉤而有公正，不必等待衡石稱量而有公平，不必等待斗斛敦概而有劃一標準。所以君主不用獎賞而人民勤勉，不用刑罰而人民服從，官員不用勞力而事情已治理好，政令不必繁瑣而風俗自然美好，百姓沒有敢於不順從上位者的法制，百姓跟從上位者的意志，做上位者給與的事情，而感到安樂。所以人民納稅而不覺破費，做成事業而不覺勞累，對抗外來入侵而不怕死。城廓不必等待整飭而堅固，兵刃不必等待磨礪而強勁。敵國不必等待征服而順從，四海人民不必等待政令而統一起來。這就叫做極太平。《詩經》說：「王道真的充滿了，徐國已經來順從。」就是這個意思。

賞析與點評

法制法律條文愈細微，表示社會上下官員人民的修養愈差。荀子指出，只要有上下一心、極有修養的臣民，不必等待很多條文法則來規定，社會自然就能太平。可見人的德行修養比法制更為根本。

請問為人君？曰：以禮分施，均遍而不偏。請問為人臣？曰：以禮侍君，忠順而不懈。請問為人父？曰：寬惠而有禮。請問為人子？曰：敬愛致文。請問為人兄？曰：慈愛而見友。請問為人弟？曰：敬詘而不苟。請問為人夫？曰：致功而不流，致臨而有辨。請問為人妻？曰：夫有禮則柔從聽侍，無禮則恐懼而自竦[1]也。此道也，偏立而亂，俱立而治，其足以稽[2]矣。請問兼能之奈何？曰：審之禮也。古者先王審禮以方皇[3]周浹[4]於天下，動無不當也。故君子恭而不難[5]，敬而不恐，貧窮而不約，富貴而不驕，並遇變態而不窮，審之禮也。故君子之於禮，敬而安之；其於事也，徑而不失；其於人也，寡怨寬裕而無阿；為身也，謹修飾而不危[6]；其應變故也，齊給[7]便捷而不惑；其於天地萬物也，不務說其所以然，而致善用其材；其於百官之事技藝之人也，不與之爭能，而致善用其功；其待上也，忠順而不懈；其使下也，均遍而不偏；其交遊也，緣義而有類；其居鄉里也，容而不亂。是故窮則必有名，達則必有功，仁厚兼覆天下而不閔[8]，明達用[9]天地理萬變而不疑，血氣和平，志意廣大，行義塞於天地之間，仁智之極也。夫是之謂聖人；審之禮也。

注釋

1 竦：肅敬。
2 稽：通「楷」，楷模。
3 方皇：廣大。
4 周浹：周遍。
5 難：通「戁」，畏懼。
6 危：兇險，險詐。
7 齊給：敏捷快速。
8 閔：通「昧」。
9 用：治。

譯文

請問怎樣做君主？答：用禮義來施行，平均普遍而不偏私。請問怎樣做臣子？答：用禮義來對待君主，忠誠順從而不懈怠。請問怎樣做父親？答：寬厚仁惠而有禮義。請問怎樣做子女？答：敬愛父母而致力禮儀。請問怎樣做兄長？答：慈愛弟弟而表現親愛。請問怎樣做弟弟？答：尊敬順從而不隨便。請問怎樣做丈夫？答：致力功業而不流於淫亂，致力親近妻子而保持適當界限。請問怎樣做妻子？答：丈夫有禮義就柔順聽從，丈夫沒有禮義就謹慎小心而獨自保持肅敬。這個道，偏於一面地實行就會混亂，全部實行就能治理，足以作為楷模了。請問怎樣才能夠同時做到？答：要審察禮義。古代先聖王審察禮義，廣大周遍實行於天下，行動沒有不當的。所以君子恭敬而不畏懼，尊敬而不恐懼，貧窮而不卑屈，富貴而不驕傲，同時遇到變化，能應付而不會窮盡，就是審察禮義的緣故。所以君子對於禮義，尊敬而安守禮義。對於事務，直接處理而不失誤。對於人，少怨恨、寬大而不阿諛。對於自己，謹慎修飾而不險詐。應變事故，迅速快捷而不疑惑。對於天地萬物，不會說明萬物的所以然，但能善於使用萬物為材料。對於百官的事務和有技藝的人才，不會與他們競爭技能，而能善於使用作成功績。對待上位的人，忠誠順從而不懈怠。使用下屬，平均周遍而不偏私。和朋友結交，緣於禮義而有法度。和鄉人鄰居相處，待人寬容而不亂法度。所以君子如果窮困，也一定會有名聲。顯達，就一定有功績。仁厚能夠同時覆蓋天下而不會昏昧，明達治理天地，處理萬物變化，心情平和，志向意念廣大，實行禮義充塞於天地之間，這就是仁德智慧的極致了。這就叫做聖人，因為他能夠審察禮義。

賞析與點評

荀子重視君主的德行，有德行是會合符禮義的。政治事務變化萬千，從政者如何能應付這千變萬化的政治際遇？荀子認為有德行的君子，會跟從禮義之道而應對，這就自然能夠適當地處理，可以應付無窮。現實中的從政者，總見很多人不懂應變，錯誤頻出，相信和個人德行也有關係。

請問為國？曰：聞修身，未嘗聞為國也。君者儀[1]也，民者景也，儀正而景正。君者槃也，民者水也，槃圓而水圓。君者盂[2]也，盂方而水方。君射則臣決[3]。楚莊王好細腰，故朝有餓人。故曰：聞修身，未嘗聞為國也。

注釋

1 儀：指日晷，用日影量度時間的儀器。

2 盂：盛水的器皿。

3 決：扳指，古代射箭時用來鈎弦的象骨指套。

譯文

請問君主怎樣治理國家？答：只聽過君主要修養自身，沒有聽過怎樣治理國家。君主是日晷儀，人民是影子，日晷儀擺放得正，影子就會正。君主是盆，人民是水，盆是圓的，水就是圓的。君主是盂，盂是方形的，水就是方形的。君主喜歡射箭，臣子就會套上射箭用的決。楚莊王喜歡細腰的人，所以朝廷中就有捱餓的人。所以說：只聽過君主要修養自身，沒有聽過怎樣治理國家。

賞析與點評

荀子說治國的根本，在於修身。在上位者，人格修養是最重要的。所以一個人無論如何能幹，如果人格修養有問題，是不宜在上位的。

道者，何也？曰：君之所道也。君者，何也？曰：能群也。能群也者，何也？曰：善生養人者也，善班[1]治人者也，善顯[2]設人者也，善藩飾人者也。善生養人者人親之，善班治人者人安之，善顯設人者人樂之，善藩飾人者人榮之。四統者俱，而天下歸之，夫是之謂能群。不能生養人者，人不親也；不能班治人者，人不安也；不能顯設人者，人不樂也；不能藩飾人者，人不榮也。四統者亡，而天下去之，夫是之謂匹夫。故曰：道存則國存，道亡則國亡。省工賈，眾農夫，禁盜賊，除姦邪：是所以生養之也。天子三公，諸侯一相，大夫擅官，士保職，莫不法度而公：是所以班治之也。論[3]德而定次，量能而授官，皆使其人載其事，而各得其所宜，上賢使之為三公，次賢使之為諸侯，下賢使之為士大夫：是所以顯設之也。修冠弁[4]衣裳，黼黻文章，琱琢刻鏤，皆有等差：是所以藩飾也。

注釋

1 班：通「辦」，治理。

2 顯：提拔任用。

3 論：審察。

4 弁：帽。

譯文

道是甚麼？答：君子所實踐的就是道。君主是甚麼？答：能領導群眾。能領導群眾是甚麼意思？答：善於養活人民，善於治理人民，善於任用安排人民，善於製作不同文飾給人民。善於養活人民的人，人民會親近他；善於治理人民的人，人民會樂於看見他；善於任用安排人民的人，人民會對他安心；善於製作不同文飾給人民的人，人民會以他為榮。這四個統要都具備了，天下人都會歸順他。這就叫做能領導群眾。不能夠養活人民的人，人民不會親近；不善於治理人民的人，人民不會樂於看見他；不善於任用安排人民的人，人民不會對他安心；不善於製作不同文飾給人民的人，人民不會以他為榮。這四個統要都失去了，天下人都會離開他。這就叫做匹夫。所以說：道存在，國家就存在，道滅亡，國家就滅亡。減省工人商人，增加農夫，禁止盜賊，除去奸邪的人，就能夠養活人民。天子有三公輔助，諸侯有宰相輔助，大夫擅長自己的官職，士保持自己的職責，沒有不按法度而公正處理，這就能夠治理人民。審察德行而決定職位高低次序，量度能力而授與官職，令人人都能承載他的事務而各自得到適宜的職位。上等賢人給他做三公，次等賢人給他做諸侯，下等賢人給他做士大夫，這就是能夠任用安排。修飾帽子衣裳，繪上花紋，雕琢刻鏤都表示有等級差別，這就是能夠製作不同文飾。

賞析與點評

君主所做的完全是為了人民。所謂統，就是審明職分，排列事業、才能，統領各類人才，令人人能親近、安樂，以君主為榮。君子是能由仁德智慧令人人都能夠生活，各得其位，表現能力的。可見君主應跟從的這個道，是一個德性之道。

臣道篇第十三

本篇導讀——

《臣道篇》說有各種不同的臣子，有態臣、篡臣、功臣、聖臣等。能用聖臣的君主就能成為王者。如果是苟且迎合君主的臣子就是國賊。又說能夠對抗君命，反對君主，以國家安危為念，成就國家大利的，就是社稷之臣。又說到臣子應如何對待聖君、中君、暴君，又說到大忠、次忠、下忠的臣子。最後說臣子對君主，可以有諍然後善，奪然後義，殺然後仁的革命行為，革命就是臣子對待暴君之道。這說法和孟子說誅桀紂即誅一夫的觀點相似。所以，儒家並非主張盲目遵從君主。

人臣之論[1]：有態[2]臣者，有篡臣者，有功臣者，有聖臣者。內不足使一民，外不足使距[3]難，百姓不親，諸侯不信；然而巧敏佞說，善取寵乎上，是態臣者也。上不忠乎君，下善取譽乎民，不卹公道通義，朋黨比周，以環主圖私為務，是篡臣者也。內足使以一民，外足使以距難，民親之，士信之，上忠乎君，下愛百姓而不倦，是功臣者也。上則能尊君，下則能愛民，政令教化，刑[4]下如影，應卒遇變，齊給[5]如響，推類接譽[6]，以待無方，曲[7]成制象[8]，是聖臣者也。故用聖臣者王，用功臣者彊，用篡臣者危，用態臣者亡。態臣用則必死，篡臣用則必危，功臣用則必榮，聖臣用則必尊。故齊之蘇秦，楚之州侯[9]，秦之張儀，可謂態臣者也。韓之張去疾[10]，趙之奉陽[11]，齊之孟嘗，可謂篡臣也。齊之管仲，晉之咎犯[12]，楚之孫叔敖，可謂功臣矣。殷之伊尹，周之太公，可謂聖臣矣。是人臣之論也，吉凶賢不肖之極也。必謹志之！而慎自為擇取焉，足以稽矣。

注釋

1 論：通「倫」，類別。

2 態：態度，引申為阿諛奉承的樣子。

3 距：通「拒」。

4 刑：通「型」，典範，榜様。

5 齊給：迅速。

6 譽：通「與」，同類。

7 曲：曲折周到。

8 制象：制度法則。

9 州侯：楚頃襄王的寵臣。

10 張去疾：韓釐王的宰相。

11 奉陽：奉陽君，趙國宰相。

12 咎犯：咎，通「舅」，狐偃，字子犯，晉文公之舅，助晉文公稱霸，故稱舅犯。

譯文

臣子的類別：有阿諛奉承的臣子，有篡奪權位的臣子，有立功的臣子，有聖賢的臣子。對內不能統一人民，對外不能抵禦患難，百姓不親近他，諸侯不信任他，但口齒伶俐善於取得君主寵信，這些就是阿諛奉承的臣子。對上不忠於君主，對下善於取得人民讚譽，不理會公正之道和共通之義，結成朋黨，力求環繞君主圖謀私利，這些就是篡奪權位的臣子。對內能夠統一人民，對外能夠抵禦患難，人民親近他，士人信任他，對上忠於君主，對下仁愛百姓而不覺疲倦，這些就是立功的臣子。對上能夠尊敬君主，對下能仁愛人民，政令和教化好像影子那樣能成為人民典範，應付突然遇到的變化，能夠好像回響那樣迅速，由同類推理，用來對待變化無方的情況，曲折周到形成制度法則，這些就是聖賢的臣子。所以用聖賢臣子的君主可以稱王天下，用立功臣子的可以強大，用篡奪權位臣子的有危險，用阿諛奉承臣子的會滅亡。用阿諛奉承臣子的一定會死，用篡奪權位臣子的一定會有危險，用立功臣子的一定會繁榮，用聖賢臣子的一定受尊敬。齊國的蘇秦，楚國的州侯，秦國的張儀，可以叫做阿諛奉承的臣子。韓國的張去疾，趙國的奉陽君，齊國的孟嘗君，可以叫做篡奪權位的臣子。齊國的管仲，晉國的咎犯，楚國的孫叔敖，可以叫做立功的臣子。殷商的伊尹，周朝的姜太公，可以叫做聖賢的臣子。這就是臣子的類別，是國家吉凶安危、君主賢不肖的標準，君主一定要謹記而慎重地自己選擇取用，可以作為準則。

賞析與點評

荀子說臣道，有各種臣子，有態臣、篡臣、功臣、聖臣。以功臣和聖臣為臣道的標準，可以統一人民，抵禦患難，忠君愛民，實行政令教化，應付變化，制定準則，才是功臣和聖臣。

這就是荀子的臣道，也可以作為現今選賢與能的參考標準。

從命而利君謂之順，從命而不利君謂之諂；逆命而利君謂之忠，逆命而不利君謂之篡；不卹君之榮辱，不卹國之臧否[1]，偷合苟容以持祿養交而已耳，謂之國賊。君有過謀過事，將危國家殞社稷之懼也；大臣父兄，有能進言於君，用則可，不用則去，謂之諫；有能進言於君，用則可，不用則死，謂之爭[2]；有能比[3]知同力，率群臣百吏而相與彊君撟[4]君，君雖不安，不能不聽，遂以解國之大患，除國之大害，成於尊君安國，謂之輔；有能抗君之命，竊君之重，反君之事，以安國之危，除君之辱，功伐足以成國之大利，謂之拂[5]。故諫爭輔拂之人，社稷之臣也，國君之寶也，明君之所尊厚也，而闇主惑君以為己賊也。故明君之所賞，闇君之所罰也；闇君之所賞，明君之所殺也。伊尹箕子[6]可謂諫矣，比干[7]子胥[8]可謂爭矣，平原君[9]之於趙可謂輔矣，信陵君[10]之於魏可謂拂矣。傳曰：「從道不從君。」此之謂也。

注釋

1 臧否：好壞。

2 爭：通「諍」。

3 比：合。

4 撟：通「矯」。

5 拂：通「弼」，匡正。

6 箕子：商朝紂王的叔父，因為勸紂王而被囚禁。

7 比干：商朝紂王的叔父，因為勸紂王而被剖心。

8 子胥：伍子胥，吳國大夫，助吳王破楚，成就霸業，後來多次勸諫吳王夫差，夫差怒，賜劍逼他自殺。

9 平原君：趙勝，趙惠文王弟，號平原君，戰國四公子之一。三任趙相，秦軍圍困趙都邯鄲，平原君堅守，向楚魏求救，後擊敗秦軍，保存趙國。

10 信陵君：魏無忌，魏安釐王弟，號信陵君，戰國四公子之一。秦圍趙都，平原君求救，魏王派晉鄙救趙，但又畏秦，要晉鄙按兵不動，信陵君勸諫無效，便竊取兵符，擊殺晉鄙，奪取兵權，最後救趙勝秦。

譯文

臣子服從君主命令而有利君主的，就叫做順從；服從君主命令而不利君主的，就叫做諂媚；不服從君主命令而有利君主的，就叫做忠誠；不服從命令而不利君主的，就叫做篡奪；不理會君主的榮辱，不理會國家的好壞，苟且迎合君主，用來維持俸祿，結交黨羽，這就叫做國賊。君主謀劃會有過失，做事會有過失，將會危及國家，社稷恐怕也會滅亡。不論大臣、父親、兄長，有人能夠進言給君主，進言採用就最好，不採用就離去，這就叫做勸諫；有人能夠進言給君主，進言採用就最好，不採用就寧願死，這就叫做諍諫；有人能夠合力用智慧，率領群臣百官一起去勉強君主、矯正君主，君主雖然感到不安，但不能不聽從，因此而解除國家的大患難，去除國家的大禍害，成就了人民尊敬君主和安定了國家，這就叫做輔助；有人能夠違抗君主的命令，竊取君主的重權，反對君主的行事，用來安定國家的危險情況，除去了君主的恥辱，功績足以成就國家的大利益，這就叫做匡正。所以進諫、諍諫、輔助、匡正的人，是社稷的大臣，國家君主的寶貝，英明君主所尊敬厚待的人。而昏昧的君主、受迷惑的君主，就以為這些人是和自己對抗的賊人。所以英明君主所獎賞的人，就是昏昧君主所懲罰的人，昏昧君主所獎賞的人，就是英明君主所要殺的人。伊尹、箕子，可以叫做進諫的人；比干、伍子胥；可以叫做諍諫的人。趙國的平原君，可以叫做輔助的人；魏國的信陵君，可以叫做匡正的人。古書說：「跟從道，不跟從君主。」就是這個意思。

賞析與點評

很明顯，荀子很尊敬君主，但不是盲目的愚忠，他認為遵從道，較遵從君主更基本，君主也要遵從道而行。所以荀子才有抗君之命，竊君之重，反君之事的觀點。由此可見，儒家在早期已反對愚忠，不能把儒家思想等同於愚忠。

事聖君者，有聽從無諫爭；事中君者，有諫爭無諂諛；事暴君者，有補削[1]無撟拂。迫脅於亂時，窮居於暴國，而無所避之，則崇其美，揚其善，違[2]其惡，隱其敗，言其所長，不稱其所短，以為成俗。詩曰：「國有大命，不可以告人，妨其躬身。」此之謂也。

注釋

1 削：除去。

2 違：通「諱」，避忌，避開不說。

譯文

侍奉聖賢君主的人，有聽從而沒有諫諍；侍奉中等君主的人，有諫諍而沒有諂媚阿諛；侍奉暴君的人，有補救和去除過失，而沒有強行矯正匡正。被逼迫威脅於亂世時代，窮困地居於暴亂國家之中，不能逃避時，就會推崇君主的美德，讚揚君主的善良，避開不說君主的罪惡，隱瞞君主的失敗，只說君主的長處，不說他的短處，以成就人民的好風俗。《詩經》說：「國家有重大命令，不可以告訴別人，恐怕會妨礙人民自身實踐。」就是這個意思。

賞析與點評

荀子說事聖君、中君、暴君之道。聽從君主，是以聖賢君主為前提。在不得已時，仍然是為國家人民着想，盡量令君主的短處不影響人民。具體的做法可能有所爭論，但明顯目的都是為國家人民，而不是君主自己。

有大忠者，有次忠者，有下忠者，有國賊者：以德復君而化之，大忠也；德調君而輔之，次忠也；以是諫非而怒之，下忠也；不卹君之榮辱，不卹國之臧否，偷合苟容以持祿養交而已耳，國賊也。若周公之於成王也，可謂大忠矣；若管仲之於桓公，可謂次忠矣；若子胥之於夫差，可謂下忠矣；若曹觸龍[1]之於紂者，可謂國賊矣。

注釋

1 曹觸龍：商朝紂王的將領。

譯文

有最大忠誠的人，有次等忠誠的人，有下等忠誠的人，有國家的盜賊。用道來覆蓋君主而教化他，就是最大忠誠。用德行調教君主而輔助他，是次等忠誠；用正確的意見來進諫君主的錯誤而向君主發怒，是下等忠誠；不理會君主的榮辱，不理會國家的好壞，苟且迎合君主，用來維持俸祿，結交黨羽，就是國家的盜賊。好像周公對待周成王，可說是最大忠誠；好像管仲對待齊桓公，可說是次等忠誠；好像伍子胥對待吳王夫差，可說是下等忠誠；好像曹觸龍對待商紂，可說是國家的盜賊了。

賞析與點評

荀子説臣子有大忠、次忠、下忠和國賊。最好是君主是聖賢，或引導君主向聖賢，不用等君主有錯誤才反對。當積習已成，要改便很困難。所以到君主有錯誤時才進諫，已是下等了。

通忠之順，權[1]險之平，禍亂之從聲，三者非明主莫之能知也。爭然後善，戾然後功，生死無私，致忠而公，夫是之謂通忠之順，信陵君似之矣。奪然後義，殺然後仁，上下易位然後貞，功參天地，澤被生民，夫是之謂權險之平，湯武是也。過而通情，和而無經[2]，不卹是非，不論曲直，偷合苟容，迷亂狂生，夫是之謂禍亂之從聲，飛廉[3]惡來[4]是也。傳曰：「斬而齊，枉而順，不同而壹。」詩曰：「受小球大球[5]，為下國綴旒[6]。」此之謂也。

注釋

1 權：權衡，權變，變通。

2 經：不變的常道。

3 飛廉：紂王寵臣。

4 惡來：飛廉之子，善讒。

5 球：通「捄」，法度。

6 綴旒：裝飾的旗。

譯文

臣子有全心貫徹忠誠的順從，有權衡危險的平安，有造成禍亂的附和聲，這三者不是英明君主是不能知道的。諍諫然後才有善政，違背然後才能立功，寧死而無私，做到忠誠而公正，這就叫做全心貫徹忠誠的順從，信陵君似這類臣子。奪取然後才是正義，殺掉然後才是仁德，上位和下位的人變換地位然後才是忠貞。功績與天地並列，恩澤覆蓋人民，這就叫做權衡危險的平安，商湯、周武王就是。君主有過失而同情他，附和君主而沒有跟從不變的常道，不理會對錯，不理會曲直，苟且迎合君主，迷惑昏亂的狂生，這就叫做造成禍亂的附和聲，飛廉、惡來就是。古書說：「所以斬之，取其齊也；所以枉曲之，取其順也；所以不同，取其一也。」詩經說：「接受小法度和大法度，為其他國家樹立旗幟。」就是這個意思。

賞析與點評

荀子認為臣子有時要奪然後義，殺然後仁，上下易位然後貞，好像湯武的革命，因為桀紂不是聖賢君主。因此，要跟從常道，才知道真正對錯，不論君臣，最終標準都是這個道，而不是純粹對君主的忠誠。

致士篇第十四

本篇導讀——

《致士篇》說君主怎樣才可以延攬有德之人，說君主得到賢能之人之道。首先說君主根據聽人說話，衡量所聽到的，由此而延攬賢能之士，退卻奸邪，進用忠良。重點在於辨別奸言和忠言，然後才能延攬有德之人。而君主也應該要確實任用賢能，任用賢能的方法是寬容恭敬容納人民，然後中和明察輔助人民，然後才是進退、賞罰人民。墨家也主張尚賢，但只說賞罰，而道家則只主張寬容。而荀子就同時主張這兩點，又知道中和明察輔助的意義。荀子又同時把孔孟師友之道用於政治之中。所以荀子說政治要以教育為根本，再說到成為老師的四種方法，注重老師的德行和誦讀經典。最重要的是都是根據道而培養延攬人才。

衡[1]聽、顯幽、重明、退姦、進良之術：朋黨比周之譽，君子不聽；殘賊加累[2]之譖，君子不用；隱忌雍蔽之人，君子不近；貨財禽犢之請，君子不許。凡流言、流說、流事、流謀、流譽、流愬[3]，不官而衡[4]至者，君子慎之，聞聽而明譽[5]之，定其當而當，然後士其刑賞而還與之；如是則姦言、姦說、姦事、姦謀、姦譽、姦愬，莫之試也；忠言、忠說、忠事、忠謀、忠譽、忠愬、莫不明通，方起以尚盡矣。夫是之謂衡聽、顯幽、重明、退姦、進良之術。

注釋

1 衡：斟酌、考量。

2 累：憂患、禍害。

3 愬：訴說、詆譭、誣陷。

4 衡：通「横」。

5 譽：通「舉」。

譯文

君主要考量所聽到的言行，令隱逸之士顯達，令賢能的人更能發光明，退卻奸邪的人，進用賢良的人，方法是這樣的：朋黨間的互相讚譽，君子不會聽信；兇暴作亂的人想增加禍害的誣陷，君子不會採用；隱瞞猜忌堵塞阻隔賢良的人，君子不會接近；用錢財禽畜來請求的，君子不應允。凡只是流傳散佈的言論、流傳散佈的學說、流傳散佈的事情、流傳散佈的謀劃、流傳散佈的讚譽、流傳散佈的誣陷，不是正式的而只是由橫面而來到的，君子要謹慎處理，所聽聞的要光明地列舉出來，決定它們是正當或不正當，然後定出刑罰獎賞，而回報給他。這樣，奸邪的言論、奸邪的學說、奸邪的事情、奸邪的謀劃、奸邪的讚譽、奸邪的誣陷，就不會來試探。忠誠的言論、忠誠的學說、忠誠的事情、忠誠的謀劃、忠誠的讚譽、忠誠的訴說，沒有不光明通暢地開始產生而向上盡忠。這就叫做考量所聽到的言行，令隱逸之士顯達，令賢能的人更能發光明，退卻奸邪的人，進用賢良的人的方法。

賞析與點評

怎樣才能夠延攬賢能之人？荀子認為要辨別言、說、謀、事、愬、譽的忠奸，謹慎流傳散佈的言說。能辨別忠奸，分辨流言，才能令賢能之士來到。事實上，從政者很多時候會為了個人權勢而不辨忠奸，以至滿朝奸黨，最後失敗告終。我們不是應參考荀子確立的準則嗎？

人主之害，不在乎不言用賢，而在乎不誠必用賢。夫言用賢者，口也；卻賢者，行也，口行相反，而欲賢者之至，不肖者之退也，不亦難乎！夫耀蟬[1]者，務在明其火，振[2]其樹而已；火不明，雖振其樹，無益也。今人主有能明其德者，則天下歸之，若蟬之歸明火也。

注釋

1 耀蟬：晚上用燈火照蟬，蟬會撲向光，是一種捕蟬方法。

2 振：搖動。

譯文

君主的毛病，不在於不會説怎樣用賢能的人，而在於不確實地一定要用賢能的人。會説怎樣用賢能的人，是用口。退卻賢能的人，是用行為。口説的和行為相反，但又想賢能的人來到，不賢能的人退卻，不是很難嗎？用燈火照蟬，燈火要力求光明，這樣搖動大樹就可以捕蟬了。如果燈火不光明，雖然搖動大樹，也沒有益處。現在君主如果能夠令他的德行光明，天下歸順就會好像蟬歸向光明燈火一樣。

賞析與點評

君主必須能真正任用賢能，賢能之人自然會出來。現代有些選舉，有時看見出來競選的人沒有一個是賢能的。這就是因為上位者安排那個所謂選舉，並非真正為了選任賢能。那麼真正賢能的人又怎會出來呢？

臨事接民，而以義變應，寬裕[1]而多容，恭敬以先之，政之始也。然後中和察斷以輔之，政之隆也。然後進退誅賞之，政之終也。故一年與之始，三年與之終。用其終為始，則政令不行，而上下怨疾[2]，亂所以自作也。《書》曰：「義刑義殺，勿庸[3]以即，女惟曰：未有順事。」言先教也。

注釋

1 裕：寬容。

2 疾：痛苦。

3 庸：通「用」。

譯文

遇到事情，接觸人民，以公義來變化應對，待人寬容而能更多容納人民，待人恭敬而領導人民，這是政治的開始。然後是中和明察來輔助人民，這是政治的興隆。然後就是進退賞罰人民，這是政治的終結。所以第一年做開始的工夫，第三年才做終結的工夫。如果把終結作為開始，政令就不能通行而上下人民都會怨恨和痛苦，禍亂就是由此而做成。《尚書》說：「公義的刑罰和公義的殺戮，不要立即使用，你只有說：這是未曾依照政治事情的順序。」就是說要先實行教化。

賞析與點評

現今維持社會秩序的法律條文主要是刑罰，但刑罰不是治理社會最初的事情，而是最後一步。有教化的社會不必有那麼多刑罰，刑罰多不表示社會進步。荀子主張應先進行教化，最後才是刑罰，教化較刑罰重要，所以荀子很注重老師教化之道。

師術有四，而博習不與焉：尊嚴而憚，可以為師；耆艾而信，可以為師；誦說而不陵[1]不犯[2]，可以為師；知微[3]而論，可以為師：故師術有四，而博習不與

焉。水深而回，樹落則糞本，弟子通利則思師。《詩》曰：「無言不讎[4]，無德不報。」此之謂也。

注釋

1 陵：超越。

2 犯：違背。

3 微：精妙隱微。

4 讎：應答。

譯文

成為老師的方法有四種，博學不包括在其中。有尊嚴而令人敬畏，可以做老師；年長而令人信服，可以做老師；誦讀講説經典而不超越，不違背，可以做老師；知道做人精微之處而能論述，可以做老師。所以説成為老師的方法有四種，博學不包括在其中。水夠深，水流就會迴旋，樹葉落下，就是施肥於樹根，弟子得到利益，就會思念老師。《詩經》説：「沒有説話不應答的，沒有德行不回報的。」就是這個意思。

賞析與點評

現代人要成為老師，很注重科目專門知識，在專門知識中知的愈多愈好，所以很注重老師的學歷。但荀子認為成為老師的方法，博學不在其中，為甚麼呢？因為荀子認為老師要教導的，是精微的做人道理，而不是專業知識。所以老師要有尊嚴，要年長，要講授經典，都是要令學生信服他所説的做人道理。而這就是現代教育所缺乏的。

天論篇第十七

本篇導讀——

荀子說的道不是天之道，不是地之道，而是人之所以為人之道。重點說人道，這樣才能夠具體地說到人怎樣作人文統類。荀子在《天論篇》中，其實是要分別出人道和天地萬物之道。《天論篇》中，荀子說到萬物和人同樣是由天所生，人的五官是天官，心是天君，都是出於天。但荀子更重要是說，人之所以為人，在於人怎樣使用這天生的五官和心。在這個使用中，就有人道。人道就是成就人對天地萬物的人事，人應當知甚麼，實踐甚麼。所以，天所生的其他萬物，人由天所生的五官，都只是荀子所說的人道的背景根據。而人道本身，卻不是以萬物和五官作為主要根據而說。人道也不是要人先作一番反省回顧，看看有甚麼形而上的根據而說。人道是根據萬物和五官而有的人為之事而說。簡單說就是，荀子之道，是人以天為背景根據，由上而下，向前、向外而走的道。而不是先對這個根據作向後、向內的反省，由下而上要求契合之道，不是先反省甚麼是天或形而上的神而說。

天行有常，不為堯存，不為桀亡。應之以治則吉，應之以亂則凶。彊本而節用，則天不能貧；養備而動時，則天不能病；脩道而不貳[1]，則天不能禍。故水旱不能使之飢，寒暑不能使之疾，祆怪[2]不能使之凶。本荒而用侈，則天不能使之富；養略而動罕，則天不能使之全；倍[3]道而妄行，則天不能使之吉。故水旱未至而飢，寒暑未薄而疾，祆怪未至而凶。受時與治世同，而殃禍與治世異，不可以怨天，其道然也。故明於天人之分，則可謂至人矣。

注釋

1 不貳：專一，不貳心，堅定不移之意。

2 祆怪：即妖怪，指自然災害。

3 倍：同「背」，違背之意。

譯文

天的流行是恆常的，不會因為堯而存在，不會因為桀而消失。以治理天下回應天就是吉，以擾亂天下回應天就是凶。人如果能夠加強根本，節制使用，則天也不能使人貧困。人如果存養具備充足，運動合乎時令，則天也不能使人患病。人如果專一於修道而不貳心，則天也不能加禍於人。所以大水或大旱也不能使人飢餓，寒天暑天也不能使人患病，妖怪也不能使人遭遇凶險。但如果根本被荒廢了，使用太奢侈了，則天也不能令人富貴。忽略了存養充足，又很少運動，天也不能夠令人健全。違背道而妄意而行，天也不能夠令人吉祥。所以大水大旱未到，人就已經飢餓，寒暑未迫近人就已經患病，妖怪未到而人已遇凶險。人所接受的時令和治世時的時令是相同的，但遇到的災禍就和治世時不同，這是不可以怨天的，道就是如此。所以明白天人的分別，就可以叫做至人了。

賞析與點評

由此段可見荀子所說的天，就是人向前、向外所看見的天，並不是甚麼形而上的存在或上帝。而「天有常行」可以說是有恆常規律，但重點也不是着重在「常行」或規律本身。荀子着重說的，是人的回應之道。「天有常行」，現代人可能會認為是自然界恆常不變的規律，所以由此而說荀子重視規律的存在，或者說荀子已經有現代科學的思想。但看荀子整篇《天論篇》和整個荀學，荀子注重的明顯不是正面說的天有恆常的規律，更不是說自然科學。「天有常行」，只是說天的運行或天的自然現象，總是經常這樣的相續不斷。經常這樣相續不斷，自然可以包涵相續而有規律的意思。這個規律也可以說是天運行的所以然之理。但荀子在這裏提出「天有常行」，只是想舉出天經常這樣運行，目的其實是要顯出人在這裏是不能加以影響，而天也不是人間治亂吉凶的源頭。所以下文開始，就全部轉到人回應天之運行的治亂之道而說吉凶。所以荀子說天，只是作為人道的背景根據而已。

不論古今，人面對時代的治亂吉凶或天然災害，個人的得意或失意，都常常以為是天意。總喜歡把責任推給天，常怨蒼天作弄人。荀子就是反對這些想法，天是不為堯存，不為桀亡，天自有天的四時變化，人力不能影響，而人要做的，是做好人自己治理的職分，自然就能免害，這才叫做明白天人的分別。

不為而成，不求而得，夫是之謂天職。如是者，雖深、其人不加慮焉；雖大、不加能焉；雖精、不加察焉，夫是之謂不與天爭職。天有其時，地有其財，人有其治，夫是之謂能參[1]。舍其所以參，而願[2]其所參，則惑矣。

注釋

1 參：通「三」，並列之意。

2 願：嚮往。

譯文

不做人為工夫而成功，不用人追求而得到，這就叫做天的職分。這樣的天，雖然很深奧，但人也不必加以思慮，天雖然很大，人不必增加能力，天雖然很精妙，人不必加以考察，這就叫做不和天爭職分。天有天的時令，地有地的財富，人有人的治理，這就叫做能夠三者並列。捨棄人之所以能夠並列的治理萬物能力，而想要和人並列的其他事物（如天時地利），就是迷惑了。

賞析與點評

荀子着重說，人要面對天而盡人事。人事之所以能夠成功，不是自然界的天地萬物原本有的。但也不是說人的地位在天地之上，也不是說人對外在的萬物，要求加以控制，人要征服自然，表現出人的力量。荀子說天、地、人，「夫是之謂能參」，是說人事要和天地的事物互相配合，而成為三者並列。人和天地的關係是對等交互關係，互相回應的關係。荀子的天論是說天人的分別。荀子論禮，也有說到天地是禮的三個本源之一，所以有天地之禮。對天地之禮也是人文世界中應該有的事情，而不是人一定要向天祈求，雖然天人有分別，但不表示人地位低於天。

現代西方文化是由中世紀基督教文化而來，中世紀時上帝在一切人和自然之上。現代人則相反，科學和工業急速發展，人認為自己了解自然，可以根據自然定律，預測自然，控制自然，最後要征服自然，人在自然和天之上，人不需要上帝。現代人普遍以這種態度對待自然，荀子明顯不是主張這種態度，而是說天人並列的平等關係和互相回應關係，最終能做到天人和諧。

列星隨旋，日月遞炤[1]，四時代御[2]，陰陽大化，風雨博施，萬物各得其和以生，各得其養以成，不見其事，而見其功，夫是之謂神[3]。皆知其所以成，莫知其無形，夫是之謂天。唯聖人為不求知天。

注釋

1 炤：同「照」。

2 御：控制。

3 神：神妙。

譯文

天上群星互相跟隨而旋轉，日月互相交替照耀，四季輪流控制氣候，陰陽變化萬物，風雨普遍施予萬物，萬物各自得到天的和諧而出生，萬物各自得到天的滋養而成長，不見天有甚麼特別行事，而見到功績，這就叫做神妙。人人都知萬物之所以生成要有天，而不知天是無形的，這就叫做天。只有聖人不求知天。

賞析與點評

天「不為」「不求」而能夠生出天地萬物，荀子對天的職能加以正視，所以承認天職能的深、大、精。荀子又說萬物各自得到天的和諧而出生，這些都是天的職分、天的功績，人不應和天爭這些職分，不能加思慮、能力和考察在天之上，想用力了解天、幫助天，甚至取代天，這就是和天爭職分和功績。人只應在天職、天功之外，盡人的職分，成就人的功績，而不是控制或改變天的流行規律和本身的原理。

現代人自以為人懂得科學知識，就懂得天的規律原理，能夠控制自然，企圖改變天氣、氣候、雨晴，改變動植物的生長規律，而合乎大利潤的生產，這就是人想和天爭職分，爭功績，人想成為上帝了。荀子認為人應做的，是盡人的職分而不是和天爭。

天職既立，天功既成，形具而神生，好惡喜怒哀樂臧[1]焉，夫是之謂天情。耳目鼻口形能各有接而不相能也，夫是之謂天官。心居中虛，以治五官，夫是之謂天君。財[2]非其類以養其類，夫是之謂天養。順其類者謂之福，逆其類者謂之禍，夫是之謂天政。暗其天君，亂其天官，棄其天養，逆其天政，背其天情，以喪天功，夫是之謂大凶。聖人清其天君，正其天官，備其天養，順其天政，養其天情，以全其天功。如是，則知其所為，知其所不為矣；則天地官[3]而萬物役矣。其行曲治[4]，其養曲適[5]，其生不傷，夫是之謂知天。

注釋

1 臧：同「藏」，蘊藏的意思。

2 財：同「裁」，利用的意思。

3 天地官：官，任用。天地為人所任用的意思。

4 曲治：都治理得好。

5 曲適：都恰當。

譯文

天的職分已經建立，天的功勞已經完成，人的形軀已形成，精神已存在。人的好惡喜怒哀樂都已藏在其中，這就叫做天情。耳目鼻口和形軀，功能可以各自接觸外物而不能互相替代，這就叫做天官。而心就居於中央虛空處，用以治理五官，這就叫做天君。利用人類以外的萬物，來養人類，這就叫做天養。順着人類的方式生活就叫做福，逆着人類的方式生活就叫做禍，這就叫做天政。蒙蔽天君，混亂天官，放棄天養，逆反天政，違背天情，喪失天功，這就叫做大凶。聖人能夠清理天君，糾正天官，具備天養，順着天政，培養天情，而成全人的天功。這樣，就是知道人應做的，知道人不應做的，天地為人所用而萬物為人所役使。人的行為都治理得好，人的培養都能恰當，人的生命就不會受傷，這就叫做知天。

賞析與點評

由這段看來，荀子對天情、天官、天君，這些天生的本性都沒有說是惡的。荀子認為耳聰目明的天官，是不可學的，是源於天的，屬於天性。這些天官的耳聰目明，荀子也沒有直接認為是惡的。由此可見，由天而生的性，最初並沒有惡。耳聰目明本身，就不可以叫做惡。但為甚麼荀子又要說性惡呢？

其實，荀子說性惡，是和人的偽或人為努力相對而言，或者和人的積思慮習偽故，自覺實行禮義相對而言。由不做人為努力和人為努力相對而說性惡。所以離開天性和人為努力二者相對而言，單單說人性，就不能說是性惡。

荀子在這段仍然是想說，天給予人的已給予了，天要做的天已做了，人應做好人自己應做的，做好人為努力的部分。荀子認為這就叫做知天，而不是要掌握天而控制天，或甚麼也不做，只等待天，或只知怨天，這些都不是正確的態度。所以相對於天，荀子是很重視人文努力的成分，肯定人文努力的價值。

楚王後車千乘[1]，非知[2]也；君子啜[3]菽[4]飲水，非愚也；是節然也。若夫志意脩，德行厚，知慮明，生於今而志乎古，則是其在我者也。故君子敬[5]其在己者，而不慕[6]其在天者；小人錯[7]其在己者，而慕其在天者。君子敬其在己者，而不慕其在天者，是以日進也；小人錯其在己者，而慕其在天者，是以日退也。故君子

之所以日進，與小人之所以日退，一也。君子小人之所以相縣者，在此耳。

注釋

1 乘：古代一車四馬為一乘。

2 知：同「智」。

3 啜：吃。

4 菽：豆，泛指粗糧。

5 敬：尊重。

6 慕：指望，希望。

7 錯：同「措」，捨棄。

譯文

楚王後面隨從的車輛有一千乘，不是有智慧。君子吃粗糧，飲水，不是愚笨，而是因為適應時節而然。人的志向意念有修正，德行堅厚，理智思慮清明，在當代生活而以古人為志向，這就在乎我的努力了。所以君子尊重自己的努力，而不希望由天決定。小人捨棄自己的努力，而希望天決定。君子尊重自己的努力，而不希望由天決定，所以君子每日進步。小人放棄自己努力，希望由天決定，所以小人每日退步。所以，君子之所以每日進步，和小人之所以每日退步，是同一個道理。君子和小人之所以相差那麼遠，就是這個原因。

賞析與點評

荀子說「天有常行」已經有人對天不應只有祈求、希慕的意思。所以荀子說君子應該「敬其在己」，而不是「慕其在天」，這是君子所以進步、小人所以退步的原因。這個進步、退步，是指德性上的進退。孔子說「君子求諸己，小人求諸人」，就有盡其在己的意思。君子是要自己努力的。荀子把孔子的意思再推開一步，不只對人而說，還對天而說。君子應該自己努力而不是求人，不只這樣，君子更加應該注重自己的努力而不是希慕天、盼望天。荀子說人不應希慕天，固然因為天常行的規律，不是人希慕就能改變。除此以外，荀子其實是根據孔子求諸自己，盡自己能力的教訓。

現代有人以為天決定一切，這是命運，人要順命，不必勉強努力。有人以為天就是上帝，盼望上帝賜力量給人解決困難，祈求就可以了。但由上文可見，荀子雖然說天，但他更注重的是人自己的努力。天的流行是天的職分，人在個人志向意念、德行、理智思慮方面，是人的職分，人應盡自己努力做好。人不應靠天，也不應和天爭功，要盡其在己。這種重視人文世界努力的看法，和有些人重視命運和神力的看法就很不同。

大天而思之，孰與物畜而制之！從天而頌之，孰與制天命而用之！望時而待之，孰與應時而使之！因[1]物而多之，孰與騁能[2]而化之！思物而物之，孰與理物而勿失之也！願於物之所以生，孰與有物[3]之所以成！故錯人而思天，則失萬物之情。

注釋

1 因：聽任。

2 能：施展才能。

3 有物：有，通「佑」，幫助。幫助事物。

譯文

推崇天而思考天，不如畜養事物而控制事物。順從天而歌頌天，不如控制天命而使用天。希望好天時而等待天，不如適應時節而使用天時。由得事物多繁衍生長，不如施展人的才能而加以化育。思考事物而使用事物，不如管理好事物而不要遺失。希望事物有所出生，不如幫助事物成長。所以放棄人的努力而想天，就失去對萬物的感情。

賞析與點評

人要盡人事的努力，人要治理天地，就要思考天、回應天、配合天。但人很多時候會思考錯了。荀子認為人應該只盡力幫助天地萬物的成長，這是人為努力的思想根據，而不是要思考天怎樣生出萬物，這就是「錯人而思天」。所以荀子認為人不必知道天生出萬物的所以然。荀子和莊子等道家的說法不同，道家就是要思考萬物成長的所以然。

荀子思考天人關係，是盡量把天人分開。這是值得現代人參考的。現代人的想法不是順天命，就是與天爭，荀子的想法仍然是有意義的。但荀子太過嚴分天人，可能就會忽略天人之間的微妙關係。

荀子說萬物和人的生命，都是得到天的和諧而生出。這個人生命生出的原因，也就是人生命內在的天。荀子沒有說這個內在的天，但人其實也應該知道這個內在的天。

荀子說天之功深、大、精，但人為甚麼不能體會天、觀賞天之深、大、精？人其實也可以由此而令人的心和生命趨向深、大、精。天的深、大、精和人心的深、大、精，二者之間也可以有學問存在的。

但荀子就認為人和天二者之間沒有學問可說。所以說人只是幫助萬物的成長，人事就是畜養天所生的萬物，控制、使用天所賦予的萬物，回應天的時節，施展才能而化育萬物，治理萬物，只思考人道，不必思考天道，而幫助人和萬物成長就是人道。由此可見荀子嚴分天人的說法是有所忽略的。

禮論篇第十九

本篇導讀——

荀子的學問，除了說政治之道外，最重要是說禮義。荀子說的禮有多層意義，禮也包括樂。荀子認為禮是法制中最重要的，是文化類別中的綱要，所以禮制是包括政制和法制的。如果把禮視為一個德目的話，就貫通到義、仁、智。但荀子在《禮論篇》說的禮，就不是說這些，而是專注說儒家重視的禮儀，注重說明禮儀的意義。先秦諸子中，墨家、法家及其他各家都說政治，墨家、道家也說德行，但他們都輕視禮樂。墨家、法家認為葬禮沒有用。道家認為道德在仁義之上，禮樂的儀文沒有禮的意義，所以都輕視禮樂。儒家孔子很重視禮樂，所以要說禮之本，而孟子則不太重視一般的禮儀，認為葬禮不是為了儀式莊嚴，而是要盡人心。而荀子就是在墨家的非樂、節葬主張之後，再詳細論述禮樂的意義。

荀子在《禮論篇》說禮之三本的意義。這個禮之三本是很重要的文化傳統，但荀子只詳細說到對祖先、親人和君主的喪禮意義，沒有詳細說明天地之禮的意義，《禮論篇》也沒有說到其他人與人之間禮儀的意義。我們嘗試綜合《禮論篇》、《樂論篇》來看看荀子說禮樂的意思。很明顯，荀子是說人內在的哀敬喜樂之情，表現在外而成為禮儀。而人實行禮儀，又可以培養人智慧思慮真誠的德行。如實行喪禮，可以表現人對死者的敬始慎終之情，培養出終身不忘的德行。人對於親人的喪禮，可見到人的感情和鳥獸是相同的，但比鳥獸更深遠。荀子時代的葬禮一定要三日成服，三月而葬，父母君師之喪，更要三年，這些禮儀，都是根據人事人情而定，一定要等待適當的時節才能完成。由此可見喪禮是貫通到人情和天時。而禮的儀節，有貴賤親疏的分別，通過禮儀，就可以令人分別出貴賤親疏，明察倫類。君主之禮有三年之喪，就足以令人注重君主是人群的統率。這是禮儀對社會起的政治效用。而葬禮的器物，只和在生時的器物相似而不可用，是要像在生時一樣而敬送死者。喪禮一定有變化有裝飾，是為了要消除生者對死者的厭惡。祭禮事死如生，祭至遠祖，是要貫通生者和死者的分隔，令生者和死者的關係好像斷而其實不斷，成就人道的永久長存。

可見荀子重視禮樂，正是由於禮樂通天時，通天地萬物，通人的情感，通人的德行。由實踐禮樂而盡力完成人的倫理，成就政治社會的分別與和諧，盡力完成禮制的意義。禮樂又貫通生者和死者的古今距離，成就人道的永久長存，貫通人類古今歷史的意義。這是荀子貫通天地萬物和人心，盡力完成人倫、制度，而貫通到歷史之道，禮樂就是這個道具體表現而成為人道極致的所在。《禮記》説禮樂的意義，論述更詳細，但也都是本於荀子的説法而作進一步説明。荀子之道，最後應是返回到禮樂的意義。所以荀子説政制和為學之道，常常説禮，就是因為不可不這樣説。

禮起於何也？曰：人生而有欲，欲而不得，則不能無求。求而無度量分界，則不能不爭；爭則亂，亂則窮。先王惡其亂也，故制禮義以分之，以養人之欲，給人之求。使欲必不窮於物，物必不屈[1]於欲。兩者相持而長，是禮之所起也。

注釋

1 屈：降服，折服。這裏指滿足慾望。

譯文

禮制的起源是怎樣的？答：人出生而有慾望，有慾望而不得到滿足，就不能沒有追求；有追求而沒有限度和界線，就不能不爭奪；有爭奪國家就會混亂，混亂就會窮困。先聖王厭惡混亂，所以制定禮義來確定名分，用來培養人的慾望，供給人所追求的，令慾望一定不會追逐無窮的物質，物質一定不會用來滿足無窮慾望，這兩者是會互相支持而增加的。這就是禮制的起源。

賞析與點評

這是泛說一切禮的起源。禮成為禮，不是只有形式，形式應負載起意義。禮後來變成只有形式，沒有意義，便只是空架子，扭曲人性。但禮原本是有意義的，孔子說禮之本，也是要重新建立禮的意義。荀子繼承儒家傳統，也是要重新建立禮原初的意義。就是要培養人良好的慾望，即培養人的德性，令人不被物慾所控制，世界就不致混亂了。

禮有三本：天地者，生之本也；先祖者，類之本也；君師者，治之本也。無天地，惡生？無先祖，惡出？無君師，惡治？三者偏亡，焉[1]無安人。故禮、上事天，下事地，尊先祖，而隆君師。是禮之三本也。

注釋

1 焉：乃，就。

譯文

禮有三個根本：天地，是人出生的根本；先祖，是同類種族的根本；聖君老師，是治理的根本。沒有天地，怎麼會有人的出生呢？沒有先祖，怎麼會有我的出生呢？沒有聖君老師，怎麼會有治理的社會呢？三者有部分消失了，就沒有安定的人民。所以禮，向上事奉天，向下事奉地，尊敬先祖而尊崇聖君老師，是禮的三個根本。

賞析與點評

禮義之中，最重要是禮之三本。這三種禮是最根本的，由這三種禮，就可以貫通到天地萬物古今的道。所以中國傳統以來都很重視祭天地、祭祖先、祭聖人這三種祭禮。這三祭可以貫通天道和人道，是中國文化精神的重要代表。可惜現在漸已失傳。若中國文化要重新發展，回復這三種祭禮是必要的。

大饗[1]，尚玄尊[2]，俎[3]生魚，先大羹[4]，貴食飲之本也。饗[5]，尚玄尊而用酒醴[6]，先黍稷而飯稻粱。祭[7]，齊大羹而飽庶羞，貴本而親用也。貴本之謂文，親

用之謂理，兩者合而成文，以歸大一，夫是之謂大隆。故尊之尚玄酒也，俎之尚生魚也，豆[8]之先大羹也，一也。利爵之不醮也[9]，成事之俎不嘗也，三侑[10]之不食也，一也。大昏[11]之未發齊[12]也，太廟之未入尸[13]也，始卒之未小斂[14]也，一也。大路[15]之素未集也，郊之麻絻[16]也，喪服之先散麻也，一也。三年之喪，哭之不反也，《清廟》[17]之歌，一唱而三歎[18]也，縣一鍾，尚拊膈[19]，朱絃而通越[20]也，一也。

注釋

1 大饗：天子每三年一次在太祖廟祭祖先的大祭禮。

2 玄：黑色，代表清水。指祭祀時代替酒的清水。尊：通「樽」。

3 俎：盛載魚肉的祭器。

4 大羹：大通「太」，至高無上。羹，濃湯。太羹，祭祀用的肉湯。

5 饗：指每季舉行的祭禮。

6 醴：甜酒。

7 祭：指每月舉行的祭禮。

8 豆：盛載食物的祭器。

9 利：祭祀時幫助拿祭品的人。爵：酒器。醮：喝光。

10 侑：勸食。

11 昏：同「婚」。

12 齊：平等，婚禮中合巹交杯儀式是表示夫婦同尊卑、平等之意。

13 尸：代表受祭的人。

14 斂：同「殮」，為死者換上壽衣為小斂，入棺為大斂。

15 大路：天子祭天時坐的車。

16 絻：通「冕」，禮帽。

17《清廟》：祭周文王的詩歌。

18 歎：詠歎。

19 拊：拊搏，形如小鼓的樂器。膈：類似拊的樂器。

20 越：瑟底孔洞。

譯文

在大饗的祭禮中，崇尚用樽器載清水，用俎器盛載生魚，先奉上太羹，這是尊崇飲食的根本。在每季的祭禮中，崇尚樽器而用甜酒，先奉上黍稷而再給與吃稻粱。在每月舉行的祭禮中，調製太羹而充滿眾多美食。這是尊崇根本而親近實用。尊崇根本的禮叫做文飾，親近實用的禮叫做合乎道理，兩者結合而成為文制，以返回太一之道，這就叫做最大的尊崇。樽器崇尚用清水，俎器崇尚用生魚，豆器先用來奉上太羹，是儀節之一。不會喝光拿爵器人的酒，不吃完成祭事後俎器的食物，三次勸食而不食，是儀節之一。在大婚禮儀中，未舉行合巹交杯齊尊卑的禮儀，太廟祭祀中代表受祭的人未進入太廟，剛剛死去而未換上壽衣，是儀節之一。天子祭天時坐的車用素色車簾，郊祭時戴麻製的帽子，喪服要先穿上散亂麻布，是儀節之一。三年的守喪期，哭至沒有聲音，唱《清廟》歌曲，一人歌唱三人詠歎，懸掛一口鐘，崇尚用拊和膈的樂器，用紅色琴絃和打通瑟底孔洞，是儀節之一。

賞析與點評

荀子說禮的儀節之中，大饗要先上生魚和大羹，是因為尊重飲食的根本。除了生魚大羹外，稻粱庶羞，都着重在實用。由祭祀食物之中，可見到禮同時有尊重本源和親和實用兩個意義。即是祭祀的飲食，是貴本和親用兩者的結合，而成為文制。這意義之中的貴本，就是尊敬本源的意思，是儀節的原意。但在實踐中，除了原意之外，還有親和實用的意思。但後來的禮，欠缺了親和實用，又忘記了原意，禮便不成為禮了。

禮者，以財物為用，以貴賤為文，以多少為異，以隆殺[1]為要。文理繁，情用省，是禮之隆也。文理省，情用繁，是禮之殺也。文理情用相為內外表裏，並行而雜，是禮之中流也。故君子上致其隆，下盡其殺，而中處其中。步驟[2]馳騁厲鶩[3]不外是矣。是君子之壇宇[4]宮廷也。人有是，士君子也；外是，民也；於是其中焉，方皇周挾[5]，曲[6]得其次序，是聖人也。故厚者，禮之積也；大者，禮之廣也；高者，禮之隆也；明者，禮之盡也。《詩》曰：「禮儀卒度，笑語卒獲。」此之謂也。

注釋

1 殺：減殺，引申為簡約。
2 步驟：步，行走。驟，奔馳。
3 厲鶩：厲，奮起羽翼。鶩，奔馳。
4 壇：行禮的高臺。宇：房屋。
5 方皇周挾：皇，大。挾，周遍。即四方廣大周遍。
6 曲：周全盡力。

譯文

禮，會使用財物，會用禮儀的文飾區別貴賤，會用禮儀的多少來分別，會用尊貴的或簡約的禮儀作為要領。有些禮儀的文飾和條理繁多，但培養情感的作用很省約的，是尊貴的禮儀。有些禮儀的文飾和條理省約，但要表達的情感繁多，是簡約的禮儀。有些禮儀的文飾條理，和情感作用是互為內外，互為表裏，是一並實行而互相參雜其中的，是適當正中的禮儀。所以君子在上位要行尊貴的禮儀，在下位要盡力實行簡約的禮儀，而中間的人適當地處於正中。無論是行走的奔馳，快跑的奔馳，奮起羽翼的奔馳，都不離開禮，這是君子的活動的高臺房屋。如果一個人有禮，他就是士人君子。離開了禮，就是一般人。能夠生活在禮之中，覺得廣大周遍，盡力做到禮的次序的，就是聖人。所以聖人的仁厚，是因為禮的積存，聖人的偉大，是因為禮的廣大，聖人的高崇，是因為禮的尊貴，聖人的光明，是因為禮的盡力實踐。《詩經》說：禮儀終究合乎法度，笑語也終究可以得到。就是這個意思。

賞析與點評

這是說禮關連財物，也關連人的貴賤，說到禮的事物和儀節多少。又說禮和情用的關係。

說禮是由人與人的情用、文理、財物的參差錯綜關係而形成。又說聖人之所以成為聖人，是因為聖人實踐禮。由此可見禮儀原本有培養人德性的功能。這是傳統中國文化培養人德性的方法。但現代中國人經歷了一段批判中國文化、要求揚棄中國文化的歷史，這方法在現代中國已漸漸失傳，但又未找到代替的方法，結果常常有人質疑，何以中國文化那麼重視禮，為何現代的中國人又無禮，又沒有德性修養？就是因為中國已不在禮之中。

禮者，謹於治生死者也。生、人之始也，死、人之終也，終始俱善，人道畢矣。故君子敬始而慎終，終始如一，是君子之道，禮義之文也。夫厚其生而薄其死，是敬其有知，而慢其無知也，是姦人之道而倍叛之心也。君子以倍叛之心接臧穀[1]，猶且羞之，而況以事其所隆親乎！故死之為道也，一而不可得再復也，臣之所以致重其君，子之所以致重其親，於是盡矣。故事生不忠厚，不敬文，謂之野；送死不忠厚，不敬文，謂之瘠。君子賤野而羞瘠，故天子棺槨[2]十重，諸侯五重，大夫三重，士再重。然後皆有衣衾多少厚薄之數，皆有翣菨[3]文章之等，以敬飾之，使生死終始若一；一足以為人願，是先王之道，忠臣孝子之極也。天子之喪動四海，屬諸侯；諸侯之喪動通國，屬大夫；大夫之喪動一國，屬脩士；脩士之喪動一鄉，屬朋友；庶人之喪，合族黨，動州里；刑餘罪人之喪，不得合族黨，獨屬妻子，棺椁三寸，衣衾三領[4]，不得飾棺，不得晝行，以昏殣[5]，凡緣[6]而往埋之，反，無哭泣之節，無衰麻之服[7]，無親疏月數之等，各反其平，各復其始，已葬埋，若無喪者而止，夫是之謂至辱。

注釋

1 臧穀：奴婢。
2 椁：棺材外面的套棺。
3 翣菨：古時棺木兩旁扇子形的飾物。
4 領：古代上衣、被子的量詞。
5 殣：埋葬。
6 凡：平常、平庸。緣：衣服的花邊。
7 衰麻之服：衰麻，粗麻布做成的喪服。服，喪衣。古代居喪以衣服來分別等級。

譯文

禮，是要嚴謹地治理生死的。生，是人的開始，死，是人的終結。終結和開始都是美善的，人道就完成了。所以君子尊敬開始和謹慎終結，終結和開始都一樣美善，是君子之道，是禮義的文制表現。如果厚待出生而鄙視死亡，就是尊敬有知覺的而輕慢無知覺的，這是奸邪的人的道，而且表現的是背叛的心。君子用背叛的心接待奴婢，尚且感覺羞恥，何況用來事奉尊敬的人和親人。所以對待死之作為一個道，是因為死只有一次而不可以再重複，臣子對君主表示敬重，子女對父母表示敬重，在死亡時全部表達了。所以事奉在生的人不忠誠仁厚，不敬重禮義文制，叫做粗野。送別死亡時不忠誠仁厚，不敬重禮義文制，叫做貧瘠。君子會輕視粗野，會因貧瘠而感到羞恥。所以天子的棺槨有十層，諸侯五層，大夫三層，士人兩層，然後又有殮屍用的衣服被子多少、厚薄的數量不同，棺槨都有扇子形的飾物花紋的等級。這些都是用來尊敬裝飾死者，令生死終始都一樣美善，這種終始都一樣足以成為人的願望，這就是先聖王之道，忠臣孝子的極致。天子的喪禮牽動四海國家的人，聚集諸侯。諸侯的喪禮牽動交往的國家，聚集大夫。大夫的喪禮牽動一國的人，聚集賢德之士。賢德之士的喪禮牽動一鄉的人，聚集朋友。百姓的喪禮，集合族人朋友，牽動一州一里的人。受過刑罰的罪人的喪禮，不可以集合族人朋友，只可以聚集妻子和子女，棺槨只有三寸厚，殮屍用衣被只有三件，不可以裝飾棺槨，不可以在白天舉行，只可以在黃昏埋葬。家人只可以穿平凡的衣飾去埋葬，回來時，沒有哭泣的儀節，沒有粗麻布做成的喪服，沒有親疏不同的喪期月數等級，各自返回自己平常生活，各自回復自己重新開始生活。到最後，死者已經葬埋，就好像沒有喪葬的人而完結了，這就叫做最大恥辱。

賞析與點評

這節專論葬禮。祭禮之中，中國文化特別重視喪葬之禮。不會因為已死而賤視，或視為無物。因為中國人的要求是終始俱善，既要敬始，也要慎終。終始如一才是君子之道，才是人道的極致。重視喪葬之禮的傳統，一直在中國民間流傳着，清明重陽祭祖依然重視，但其中深遠的人道、君子之道，通古今四海之道，則未必自覺，確是需要古人為我們提點一下。

喪禮之凡[1]，變[2]而飾，動而遠，久而平。故死之為道也，不飾則惡，惡則不哀；尒則翫[3]，翫則厭，厭則忘，忘則不敬。一朝而喪其嚴親，而所以送葬之者，不哀不敬，則嫌[4]於禽獸矣，君子恥之。故變而飾，所以滅惡也；動而遠，所以遂敬也；久而平，所以優[5]生也。

注釋

1 凡：大旨，綱要。
2 變：指死亡。
3 尒：同「爾」，通「邇」，近。翫：通「玩」，戲弄，輕忽。
4 嫌：近似。
5 優：協調。

譯文

喪禮的綱要：死後要裝飾，喪葬禮儀要是漸漸遠去的，長久日子後，生者要回復平常生活。對待死亡之道，不裝飾就令人厭惡，厭惡就不會哀傷，喪葬禮儀與生者太接近，就令人輕忽，輕忽就會令人厭惡，厭惡就會忘記，忘記就會不敬。如果有一日尊敬的父母死去，而來送葬的人不哀傷，不恭敬，就近似禽獸了。君子以此為羞恥。所以死後要裝飾，是要消除厭惡。喪葬禮儀要漸漸遠去，是要成就恭敬。長久要回復平常生活，是要協調在生的人。

賞析與點評

喪禮之所以一定要有裝飾，有儀式，有長久時間，是因為要避免生者厭惡死者而不悲哀，避免忘記死者而有不敬，所以才會有喪禮的這些禮儀。禮儀原本都是有意義的，久了就忘記，荀子重新指出喪禮禮儀的原來意義。怎樣的禮儀才最適合那個時代，是可以討論的，但由此可見禮是文化的表現，有培養人德性的作用，而不是沒有意義的空架子。

三年之喪，何也？曰：稱[1]情而立文，因以飾[2]群，別親疏貴賤之節，而不可益損也。故曰：無適[3]不易之術也。創巨者其日久，痛甚者其愈遲，三年之喪，稱情而立文，所以為至痛極也。齊衰[4]、苴[5]杖、居廬、食粥、席薪、枕塊，所以為至痛飾也。三年之喪，二十五月而畢，哀痛未盡，思慕未忘，然而禮以是斷之者，豈不以送死有已，復生有節也哉！凡生天地之間者，有血氣之屬[6]必有知，有知之屬莫不愛其類。今夫大鳥獸則失亡其群匹，越月踰時，則必反鉛[7]；過故鄉，則必徘徊焉，鳴號焉，躑躅焉，踟躕[8]焉，然後能去之也。小者是燕爵，猶有啁噍之頃焉，然後能去之。故有血氣之屬莫知於人，故人之於其親也，至死無窮。將由[9]夫愚陋淫邪之人與，則彼朝死而夕忘之；然而縱[10]之，則是曾[11]鳥獸之不若也，彼安能相與群居而無亂乎！將由夫脩飾之君子與，則三年之喪，二十五月而畢，若駟之過隙[12]，然而遂之，則是無窮也。故先王聖人安[13]為之立中制節，使足以成文理，則舍之矣。

注釋

1 稱：適合，配合。
2 飾：通「飭」，整治，治理。
3 適：往。
4 齊衰：喪服的一種，粗麻布做的喪服，布邊縫齊，故叫齊衰。
5 苴：粗劣。
6 屬：類別。
7 鉛：通「沿」，順流而行。
8 躑躅、踟躕：徘徊不前。
9 由：遵循。
10 縱：不加拘束。
11 曾：乃。

12 駟：馬。

13 安：於是。

譯文

三年的喪期，是為甚麼呢？答：因為要配合感情而建立文制，因而可以治理群眾，所以辨別親疏貴賤的儀節，而不可隨意增加減少。所以說，禮是無往而不變的方法。創傷巨大，傷痛日子就長久，痛楚大的，痊癒日期就會遲。三年的喪期，是配合感情而建立的文制，是用來給最傷痛人的極限。穿粗麻布的喪服，用粗劣的手杖，居於草廬，吃粥，坐臥於柴草，頭枕於土塊上，都是用來給極傷痛的人的修飾。三年的喪期，二十五個月已完畢，而哀痛卻未曾終止，思慕未曾忘記，但喪禮就此斷絕了，豈不是因為送別死者的人要有個終結，要恢復生活，要有節制嗎？凡生於天地之間，有血氣的類別一定有知覺，有知覺的類別，沒有不愛牠的同類。現在大的鳥獸失去牠的群體，超過一個月時間，就一定返回順流而找回群體，經過故鄉，就一定會徘徊，鳴叫，踟躕不前，然後才能離去。小的就是燕子麻雀，也會啁噍叫一會兒，然後才能離去。所以有血氣的類別，沒有比人更有知覺的，所以人對於他的親人，到死也未曾窮盡。我們將要遵循愚昧淺陋淫邪的人嗎？這樣的人，親人早上死去，晚上就忘記了。如果對這些人不加拘束，這樣的人就連鳥獸也不及了，他們又怎能互相群居而沒有混亂呢？我們將要遵循有修養修飾的君子嗎？這樣的人，三年的喪期，二十五個月已完畢，卻覺得好像馬匹跑過裂縫那樣快。但如果要滿足君子，就要有無窮盡的期限。先聖王聖人於是為人建立適中的制度儀節，統一令其成為文制條理，就可以在適當時候放下了。

賞析與點評

這是說三年之喪何以是三年。三年之期的原意，原來不是規定要人哀傷三年，不准離開。正相反，而是害怕人哀傷過度，極哀痛也最多哀傷二十五個月，就要停止，回復正常的生活。所以喪禮原本不是用來規限人性的架子、吃人的規條，而是配合人性情的安排。但現代人失去對傳統的理解，廢除喪禮，傷痛又怎樣表達呢？如果說沒有傷痛，那就如荀子所說，禽獸也不如了。

祭者、志意思慕之情也。愅詭唈僾[1]而不能無時至[2]焉。故人之歡欣和合之時，則夫忠臣孝子亦愅詭而有所至矣。彼其所至者，甚大動也；案屈[3]然已，則其

於志意之情者惆然不嗛[4]，其於禮節者闕然不具。故先王案為之立文，尊尊親親之至矣。故曰：祭者，志意思慕之情也。忠信愛敬之至矣，禮節文貌之盛矣，苟非聖人，莫之能知也。聖人明知之，士君子安行之，官人以為守，百姓以成俗；其在君子以為人道也，其在百姓以為鬼事也。故鐘鼓管磬，琴瑟竽笙，《韶》《夏》《護》《武》，《汋》《桓》《箾》簡[5]《象》，是君子之所以為愅詭其所喜樂之文也。齊衰、苴杖、居廬、食粥、席薪、枕塊，是君子之所以為愅詭其所哀痛之文也。師旅有制，刑法有等，莫不稱罪，是君子之所以為愅詭其所敦[6]惡之文也。卜筮視日[7]、齋戒、脩涂[8]、几筵[9]、饋薦[10]、告祝[11]，如或饗[12]之。物取[13]而皆祭之，如或嘗之。毋利舉爵，主人有尊，如或觴[14]之。賓出，主人拜送，反，易服，即位而哭，如或去之。哀夫！敬夫！事死如事生，事亡如事存，狀乎無形影，然而成文。

注釋

1 愅：通「革」，改變。愅詭：心情變化感動。唈僾：心情鬱積不順暢。

2 至：表達。

3 案：於是。屈：委屈心意。指沒有禮儀來表達，心意受委屈。

4 惆：失意，不痛快。嗛：不足。

5 簡：衍文。

6 敦：逼迫，引申為很憎惡。

7 視日：看日期預測吉凶。

8 脩涂：涂，通「除」。修飾清理祠廟。

9 几筵：古時席地而坐，小桌子叫几，用來鋪坐的席子叫筵。

10 饋薦：饋，對鬼神的祭祀。薦，祭品。

11 告祝：告，訴説。祝，祭祀的禱詞。

12 饗：享用。

13 取：通「聚」。

14 觴：飲酒。

譯文

祭祀，是要表示心意和思慕的感情。心情變化感動，鬱積不順暢，不能沒有時機表達。所以人在歡欣和睦的時候，忠臣孝子也會因心情變化感動而有所表達。他們所表達的，是頗大的感動。沒有適當的禮儀，心意就受委屈，他表達心意的感情就不痛快而覺得不足，就是因為這些禮的儀節欠缺了而不具備。先聖王於是為這感情而建立文制，讓人尊敬應尊敬的人，親愛應親愛的人，這個意義就能表達了。所以說：祭祀，是要表示心意和思慕的感情。忠信愛敬的表達，禮節文飾的盛大，如果不是聖人，不能知道。聖人明白知道祭祀是甚麼，士君子安心實行，官員持守祭祀，百姓以祭祀成為習俗。祭祀在君子，就是做人之道，在百姓，就是鬼神的事情。所以祭祀中使用的鐘鼓管磬，琴瑟竽笙的樂器，演奏《韶》、《夏》、《護》、《武》、《汋》、《桓》、《箾》、《象》的樂曲，這是君子所以表示心情變化喜樂的文制。穿粗麻布的喪服，用粗劣的手杖，居於草廬，吃粥，坐臥於柴草，頭枕於土塊上，這是君子所以表示心情變化哀痛的文制。軍隊的師旅有編制，刑法有等級，刑罰沒有不和罪行相稱的，這是君子所以表示心情憎惡的文制。祭祀前要卜筮，看日期預測吉凶，齋戒沐浴，修飾清理祠廟，安排祭祀席位的小桌子和蓆子，安排祭祀鬼神用的祭品，訴說祭祀的禱詞，好像有人享用那樣。祭品聚集好都用來祭祀，好像有人品嘗那樣。不必拿爵器的人舉出爵器，主人有自己的酒器，好像有人飲酒那樣。賓客離開，主人拜別，然後返回，更換喪服，在座位上哭，好像有人離開了那樣。這些儀節，又悲哀！又恭敬！事奉死去的人好像事奉在生的人，事奉已死亡的人好像事奉生存的人，祭祀對象陳述出來沒有形影，但是這些禮儀就成為文制。

賞析與點評

這是說祭祀是表示心意和思慕之情，是忠信愛敬的極致，然後才有禮節的文貌。禮節中的用品、食品、程序，都是配合人的心情變化而設計，由此而成為一套文制。所以明白祭祀的意義，才知道禮不是無意義的動作，而是和內在心情配合的。不明白的以為是事奉鬼神，是迷信，君子才明白真正的意義在於生存的人。荀子要復興的禮，是真正有意義的禮，而不只是個空架子。沒有禮，這個對人敬始慎終的意義無所寄託，意義也就會失去了。

樂論篇第二十

本篇導讀——

《樂論篇》是說音樂的意義。音樂是指和禮儀相連的音樂。先秦各家學說都輕視音樂，莊子推崇天籟而輕視世間音樂，而孟子就只說古今音樂都有與民同樂的意義，至荀子才詳細論述音樂的意義。荀子認為音樂是人內在之情的表現。音樂又有培養人和人之間彼此尊敬親和情感的德性作用。禮樂又會使用到財物和樂器，可見音樂會貫通到器物。而各種樂器又分別象天地、日月、星辰、萬物，可見音樂除了貫通於人情的表現外，也貫通到天地萬物之中。音樂令一切貴賤上下親疏遠近的人都可以相和，所以也貫通各人倫類別。音樂可以令人民和諧齊心，士兵強勁，城池穩固，人民安居，成就人群的凝聚性，這是音樂的社會政治效用。可見荀子論禮樂，都是貫通於天地萬物和人心，盡人倫，守禮制，通天地，是由人道至天道的極致表現。

夫樂者、樂也，人情之所必不免也。故人不能無樂，樂則必發於聲音，形於動靜；而人之道，聲音動靜，性術之變盡是矣。故人不能不樂，樂則不能無形，形而不為道，則不能無亂。先王惡其亂也，故制《雅》《頌》之聲以道[1]之，使其聲足以樂而不流，使其文足以辨而不諰[2]，使其曲直[3]繁省廉肉[4]節奏，足以感動人之善心，使夫邪汙之氣無由得接焉。是先王立樂之方也，而墨子非之奈何！

注釋

1 道：通「導」。
2 諰（粵：徙；普：xǐ）：害怕恐懼。
3 曲直：曲，隱曲。直，爽快。指節奏的抑揚頓挫。
4 廉肉：廉，正直。肉，柔軟。指聲音的清脆圓潤。

譯文

音樂，就是快樂，所以是人的情感一定不能避免的。人不能沒有快樂，快樂就一定會發出成為聲音，表現成為動靜動作。而做人之道，就在於聲音、動靜、性情、技藝的變化，都盡在音樂之中。所以人不能沒有音樂，音樂不能沒有表現。

如果音樂表現出來的不是做人之道，國家就不能沒有混亂。先聖王厭惡混亂，所以制訂《雅》、《頌》的音樂來引導人，令這些樂聲有足夠的快樂而不放縱，先聖王又令樂曲的文詞足夠能讓人辨別是非，而不會害怕恐懼，又令樂曲的抑揚頓挫、繁複簡單、清脆圓潤、節拍緩急，足以感動人的善心，又令邪惡汙穢的習氣不可以接觸。這是先聖王建立音樂的方向。但墨子卻要反對音樂，又能怎樣呢？

賞析與點評

荀子首先說音樂是出於人的悅樂之情，快樂一定會發而為聲音和動靜行為，於是有音樂。但音樂如果不表現出做人之道，就會導致混亂。所以先王才制訂詩歌樂曲，令人向善。這是儒家的音樂觀，音樂表現情感，只是開始，最終要導人向善。導人向善的目的原本不壞，但如果善惡標準被野心家控制，或不是人心中真正的善惡標準，音樂就會成為政治工具，沒有了人道，沒有了生命在其中，只是儀式，這就要反對了。所以每個時代都有人要反對傳統下來的所謂正統音樂，就是因為音樂變得混濁了，不表現人心真正的善惡，離開了人道，所以人也要離開音樂。墨子就是看到音樂的這個時代問題，所以提出非樂。但墨子的問題，是他不了解儒家所說的音樂的正面意義，所以荀子特別撰文回應這個問題。

故樂在宗廟之中，君臣上下同聽之，則莫不和敬；閨門之內，父子兄弟同聽之，則莫不和親；鄉里族長之中，長少同聽之，則莫不和順。故樂者，審一以定和[1]者也，比物[2]以飾節者也，合奏以成文者也；足以率一道，足以治萬變。是先王立樂之術也，而墨子非之奈何！

注釋

1 審一以定和：古代音樂有五音，宮、商、角、徵、羽。五音中，其中一個是主音，主音的音高如果決定了，其他應和的四音音高也就決定了。

2 比物：比，並列。物，指樂器。

譯文

音樂在宗廟之中時，君臣上下一同聽音樂，就沒有不和諧恭敬的；家門之內，父子兄弟一同聽音樂，就沒有不和睦親近的；鄉里宗族之中，年長年少的人一同聽音樂，就沒有不和樂順暢的。音樂，是審定一個主音，就可以決定其他和音，並列樂器而可以整理節奏，多種樂器合奏而可以成為文制。所以音樂足以率領統一的道，足以處理各種變化。這是先聖王建立音樂的方法，但墨子卻要反對音樂，又能怎樣呢？

賞析與點評

這是説人共同聽音樂，可以令人與人相處和諧，而音樂的形式是審定一個主音來確定其他和音，配合各種樂器來調整節奏，也是依照和諧的原理而形成的。所以説音樂有和諧統一的作用。這是音樂的積極作用之一。

夫聲樂之入人也深，其化人也速，故先王謹為之文。樂中平則民和而不流，樂肅莊則民齊而不亂。民和齊則兵勁城固，敵國不敢嬰[1]也。如是，則百姓莫不安其處，樂其鄉，以至足其上矣。然後名聲於是白，光輝於是大，四海之民莫不願得以為師，是王者之始也。樂姚冶[2]以險，則民流僈鄙賤[3]矣；流僈則亂，鄙賤則爭；亂爭則兵弱城犯，敵國危[4]之如是，則百姓不安其處，不樂其鄉，不足其上矣。故禮樂廢而邪音起者，危削侮辱之本也。故先王貴禮樂而賤邪音。其在序官也，曰：「脩憲命[5]，審詩商[6]，禁淫聲，以時順脩，使夷俗[7]邪音不敢亂雅，太師[8]之事也。」

注釋

1 嬰：觸犯。
2 姚冶：姚，通「窕」，美好。冶，美麗妖媚。
3 流僈鄙賤：流，放縱。僈，怠惰。鄙，粗俗。賤，卑下。
4 危：危害，傷害。
5 脩憲命：脩，整治。憲，法令。命，指示。
6 商：通「章」。
7 夷俗：夷，傲慢無禮。俗，粗鄙。
8 太師：樂官之長。

譯文

音樂滲入人心很深，感化人也很快速，所以先聖王謹慎地為音樂做文飾。音樂中和平順，人民就和睦而不放縱。音樂嚴肅莊重，人民就整齊而不混亂。人民和睦整齊，軍隊就強勁，城池就鞏固，敵國就不敢觸犯它了。這樣，百姓就不會不安於居住的地方，而樂於在故鄉，以及滿足在上位的人。然後國家的名聲就會光明，光輝就會大，四海的人民，沒有不願意以這個國家作為老師的。這就是成為王者的開始。音樂如果美麗妖媚而險惡，人民就放縱怠惰粗俗卑下。放縱怠惰就會有禍亂，粗俗卑下就會有爭奪。有禍亂爭奪，國家就會軍隊疲弱，城池被侵犯，敵國會傷害它。這樣，百姓就不會安於居住的地方，不會樂於在故鄉，不會滿足上位的人。所以禮樂廢除了，邪惡音樂興起，就是國家被傷害削弱侮辱的根本。所以先聖王尊崇禮樂而輕視邪惡的音樂。先聖王序列官員，説：「整治法令，推究詩歌，禁止邪惡音樂，根據時勢整理，令傲慢無禮粗鄙不正當的音樂，不敢擾亂正當的音樂，這是太師的工作。」

賞析與點評

這是説音樂可以間接培養人民的德性，令國家鞏固，人民安樂；而禮樂廢棄邪音興起，就會令國家危險，所以君子應該建立禮樂而令天下平安。荀子明白音樂影響人心，所以要禁止邪惡的音樂。荀子的目的其實是推崇好的音樂，建立人民的德性，所以才反對墨子的非樂。荀子是看到音樂的正面意義，希望加強；而墨子只看到反面意義，希望取消。所以荀子其實是音樂推崇者。但今天看來，荀子這主張是上位者的音樂審查，極不自由，反而會令人民離開。這是荀子未意識到的問題。

君子以鐘鼓道[1]志，以琴瑟樂心；動以干戚[2]，飾以羽旄[3]，從以磬管。故其清明象天，其廣大象地，其俯仰周旋有似於四時。故樂行而志清，禮脩而行成，耳目聰明，血氣和平，移風易俗，天下皆寧，美善相樂。故曰：樂者、樂也。君子樂得其道，小人樂得其欲；以道制欲，則樂而不亂；以欲忘道，則惑而不樂。故樂者，所以道樂也，金石絲竹，所以道德也；樂行而民鄉方矣。故樂也者，治人之盛[4]者也，而墨子非之。

注釋

1 道：通「導」。

2 干戚：干，盾牌。戚，斧頭。本是武器，也可作舞具。

3 旄：用牦牛尾裝飾的旗。

4 盛：黍稷，穀物。引申為資源。

譯文

君子用鐘鼓來引導人的志向，用琴瑟來悅樂人心；用盾牌斧頭來舞動，用羽毛和牦牛尾旗裝飾，用磬和簫管聲音來跟隨。所以君子的音樂，清明好像天，廣大好像地，俯仰迴旋好像四時變化。所以君子的音樂流行而志向清明，禮儀修養好，人的德行就做到了。君子的音樂令人耳聰目明，性情平和，可以移風易俗，令天下安寧，沒有比音樂更好的了。所以說：音樂，就是快樂。君子的音樂在於得到做人之道，小人的音樂在於滿足慾望。用君子做人之道制約慾望，就可以得到快樂而不致有禍亂。因為慾望而忘記做人之道，就是受迷惑而不快樂。所以音樂，就是引導人快樂的。金石絲竹樂器，就是引導人有德行的。君子的音樂流行，人民就向着正確方向了。所以，音樂是治理的重要資源，但墨子卻要反對音樂。

賞析與點評

音樂所培養出來的心情，可以配合天地四時。音樂不只配合人道，也配合天道，所以音樂的積極作用是可以通於天道。天道的表現在人間，就是君子之道，所以荀子強調君子的音樂，可以令人快樂，令人有德行，令人民有良好風俗。這就是墨子所不明白的積極意義。

且樂也者，和之不可變者也；禮也者，理之不可易者也。樂合同，禮別異，禮樂之統，管乎人心矣。窮本極變，樂之情也；著誠去偽，禮之經[1]也。墨子非

之，幾遇[2]刑也。明王已沒，莫之正也。愚者學之，危其身也。君子明樂，乃其德也。亂世惡善，不此聽也。於乎[3]哀哉！不得成也。弟子勉學，無所營[4]也。

注釋

1 經：常道。

2 遇：對待。

3 於乎：同「嗚呼」。

4 營：通「熒」，迷惑。

譯文

況且音樂，有不可變的和諧；而禮制，有不可改的條理。音樂是要融合成為相同的，禮制是要分別出不同的。禮樂的綱要，都由人心管理。窮究本源，究極變化，這是音樂的感情可以做到的；彰顯真誠，去除虛偽，是禮制的常道可以做到的。墨子卻反對音樂，幾乎要用刑罰對待。英明的聖王已死了，沒有人來糾正。愚昧的人學習音樂，會危害自身，君子顯明音樂的作用，是君子的德行。亂世中，厭惡善良德行，就是因為不聽這些正面的主張。真是悲哀！竟然不可以成就音樂！學生要勉力學習，不受迷惑。

賞析與點評

這是由禮樂分別連繫到人心，音樂令人心同心，禮制令人區別出等級差異。而這都是由人心來決定的。墨子不明白而反對，所以荀子要糾正對音樂的看法，更要弟子勉力學習。可見荀子很肯定音樂的正面作用。音樂就是荀子肯定人文文化的範疇之一。

聲樂之象：鼓大麗，鐘統實[1]，磬廉制[2]，竽笙簫和筦籥[3]發猛，塤篪[4]翁博[5]，瑟易良，琴婦好[6]，歌清盡[7]，舞意天道兼。鼓其樂之君邪。故鼓似天，鐘似地，磬似水，竽笙簫和筦籥似星辰日月，鞀柷拊鞷椌楬[8]似萬物。曷以知舞之意？曰：目不自見，耳不自聞也，然而治俯仰、詘信、進退、遲速，莫不廉制，盡筋骨之力，以要[9]鐘鼓俯會[10]之節，而靡有悖逆者，眾積意[11]諄諄乎！

注釋

1 統：通「筒」，圓而中空。實：填滿。

2 廉制：廉，正直。制，法度。

3 和筦籥：都是古代的管樂器。

4 塤篪（粵：熏池；普：xūn chí）：都是吹奏的樂器。

5 翁博：翁，通「滃」，雲氣湧起貌。博，廣大。

6 婦好：柔婉。

7 清盡：清，高潔。盡，完備。

8 鞈柷拊鞷椌楬：都是敲擊樂器。

9 要：符合。

10 俯會：遷就。

11 積意：集中精神。

譯文

音樂的形象是這樣的：鼓的聲音大而華美，鐘的聲音中空而充實，磬的聲音正直而有法度，竽、笙、簫、和、筦、籥的聲音生起勇猛，塤、篪的聲音如雲氣湧起的廣大，瑟的聲音平和善良，琴的聲音溫柔婉美，歌唱的聲音高潔完備，舞蹈的意象兼容了天道的內容。鼓，是樂器的君主。所以鼓似天，鐘似地，磬似水，竽、笙、簫、和、筦、籥似星辰日月，鞀、柷、拊、鞷、椌、楬似萬物。怎樣知道舞蹈的意象？答：眼睛看不見自己，耳朵聽不到自己的聲音，但處理俯下仰起，屈曲伸直，前進後退，遲緩快速，無不正直而有法度，盡身體筋骨的力量，符合鐘鼓，還就節奏，而沒有違反，眾多舞蹈的人集中精神謹慎忠誠地跳舞。

賞析與點評

這是說各種樂器各有德性，有似天，似地，似水，似星辰，似日月，似萬物。所以各樂器的合奏，就好像見到天地日月星辰萬物，在各樂器的合奏之中。所以音樂有通天地萬物之意。舞蹈也有天道意象在其中，只要舞者忠誠專注於動作之中，自然看到這天道的內容。荀子是說人如能進入音樂、樂器、舞蹈的精神中，自然能體會到天地的德性，即天道的內容。可見荀子是很積極地肯定音樂的正面意義。音樂的意義不止限於娛樂休閒，還有進入人道天道的深層意義。

解蔽篇第二十一

本篇導讀——

荀子認為要成就人為的努力，成就善的德行，在於人能夠運用人的心。而心是天官的主宰，所以荀子是要教人用心來認識道、實踐道。這就要先解除人心的毛病，即所謂「解蔽」。《解蔽篇》就是解釋人怎樣用心，說明心和道的關係。荀子說心，和孟子不同，也和墨子、莊子不同，而開出另一套人心理論。一般人認為荀子思想的中心是性惡，孟子是性善，但如果荀子的思想中心是說性惡，只證明荀子認為人性是變化的，卻不能說明變化的理由是甚麼、變化的力量來自哪裏。而荀子整個政治文化的思想，也不能由性惡觀念引生出來。所以說荀子思想中心是性惡，是不對的。荀子思想中心，應是心。雖然荀子沒有由心的觀念推論出全部理論，但看荀子說心的話，和孟子、墨子、莊子不同，就知道荀子整個思想系統為甚麼和其他各家不同，從而清楚地看到荀子的特色。這就要看《解蔽篇》如何說心了。

墨子的心，重視理智地分清類別，荀子也重視分類，由《正名篇》可見到。但荀子的心，不只是知道分類的心，更是明白統率各類的心；不只是理智的心，更是一個能夠自作主宰的心。莊子說心，重視虛靜，荀子說心，也說「虛壹而靜」，但荀子的心，不只成就虛靜，而且能夠建立保持各類秩序，建立社會各類文化，成為一個有文化條理的心。孟子說心，注重對心的直接培養工夫，令心性能不斷流行，但荀子的心，注重由人心的毛病引出養心的理論，注重自己澄清的工夫，從而知道和守道。所以荀子說心，可以說類似墨子、莊子、孟子而有所增益，比三家更加細密。但荀子把心和性情分開，小看性情，所以不能明白孟子的性情心與人性善，這成為荀子的缺點。

人何以知道？曰：心。心何以知？曰：虛壹[1]而靜。心未嘗不臧[2]也，然而有所謂虛；心未嘗不兩[3]也，然而有所謂壹；心未嘗不動也，然而有所謂靜。人生而有知，知而有志[4]；志也者，臧也；然而有所謂虛；不以所已臧害所將受謂之虛。

注釋

1 壹：統一。

2 臧：通「藏」。

3 兩：同時認識兩個事物。

4 志：記憶。

譯文

人怎樣知道「道」呢？答：用心。心怎樣知呢？答：清虛、統一而平靜。心未嘗沒有收藏，但也有所謂清虛的工夫。心未嘗不知道兩個事物，但也有所謂統一的工夫。心不會不動心的，但也有所謂平靜的工夫。人出生就有知覺，有知覺就有記憶。有記憶，就是有所收藏。但心也有所謂清虛的工夫，不會因為已經收藏的內容而損害將會接受的內容，這就叫做清虛。

賞析與點評

荀子這裏説心，一方面重視心的虛靜，一方面重視心的統一。虛、靜、壹等概念，是道家常説的，並非孔孟常説的。但荀子説心的虛，和道家不同。荀子心的虛，是和心的收藏一起説的。荀子是教人要善用心的虛，而要求有所收藏，就好像我們一般説能虛心請教，才能學到更多知識。人心如果不虛，而是滿滿的，又怎能容得下新內容呢？人心如果總以為金錢是最重要的，又如何讓金錢以外的事物存在於心呢？莊子不是這樣說虛，莊子說心的虛，好像鏡子照事物，只是感應事物，而不應收藏，所以莊子喜歡說心要能夠忘記，說坐忘。這就和荀子的心不同。荀子同時重視虛和藏，虛是可以令人不因為已收藏的內容而損害將會接受的新內容，這才是荀子重視心的虛的原因，就是要人能夠不斷有新的收藏。人心有所收藏，在於有記憶，所以人能善用心，就能夠成就各種人為行事。所以荀子說虛，也是願意肯定人文世界各種價值和意義，而不是只說虛靜的。

現代人重視考試，重視記憶，重視功利價值，心不能虛，想接受新知識也出現困難。中國現代知識分子也是一樣，很想接受西方文化新知識，但心中滿滿的只是想着如何令國家成為大國、強國，心不能虛，又怎樣接受西方的文化思想？結果民主與科學的口號，喊了百多年，中國仍未有民主思想的開花結果，中國知識分子要重新看荀子的用心了。

心生而有知，知而有異；異也者，同時兼知之；同時兼知之，兩也；然而有所謂一；不以夫一害此一謂之壹。

譯文

心出生就有知覺，有知覺就有所分別；有所分別，即是同時都知道這分別。這同時都知道，就叫做知道兩個事物；但也有所謂一個事物，即不因為知道那一個事物而損害這一個事物，就叫做統一。

賞析與點評

關於「一」，道家有説「與天地萬物為一」，孔子也有説「吾道一以貫之」，但都沒有同時重視「一」和「兩」的關係。荀子説心的「一」，是和「兩」一起説的。「兩」即是能夠同時知道兩個一。用統一的心，能夠知道兩個事物，就是兩；知道兩個事物中的其中一個，就是一。人心分別知道兩個事物，相比只重「一」的道家而言，荀子成就的知識更多。

心臥則夢，偷[1]則自行，使之則謀[2]，故心未嘗不動也。然而有所謂靜，不以夢劇[3]亂知謂之靜。

注釋

1 偷：鬆懈。

2 謀：思考。

3 劇：繁雜。

譯文

心在臥睡時就做夢，心偷懶時就自動亂想，心在使用時就會思考。所以心沒有不動的，但也有所謂靜，不因為夢幻繁雜而擾亂所知道的，就叫做靜。

賞析與點評

關於心的靜，也是道家常説的，但荀子是把心的靜和動一起説的。注重心的靜，是要把心從亂想亂知的妄動之中超拔出來。靜，是心清虛的第一步。心由靜而達到虛，不被過去的知識所填滿，待人接物才能夠清通。但荀子把心的靜和動合起來説，是強調心在活動時，更應該做到心靜。這個心靜，即是求知時，用心專注，聚焦在一個事物之上。

未得道而求道者，謂之虛壹而靜。作之：則將須道者之虛則入，將事道者之壹則盡，將思道者之靜則察[1]。知道察，知道行，體道者也。虛壹而靜，謂之大清明。萬物莫形而不見，莫見而不論，莫論而失位[2]。坐於室而見四海，處於今而論久遠。疏[3]觀萬物而知其情，參稽[4]治亂而通其度[5]，經緯[6]天地而材官[7]萬物，制割[8]大理而宇宙理矣。恢恢廣廣[9]，孰知其極？睪睪廣廣[10]，孰知其德？涫涫紛紛[11]，孰知其形？明參日月，大滿八極[12]，夫是之謂大人。夫惡有蔽矣哉！

注釋

1 「作之」三句：這三句文字可能有誤，所以會用前文後理意思加入解釋。

2 失位：失去位置，即不適宜，有誤。

3 疏：通。

4 參稽：考察。

5 度：界限、法度。

6 經緯：安排。

7 材官：材通「裁」，管理。

8 制割：掌握。

9 恢恢廣廣：寬廣貌。

10 睪（粵：亦；普：yì）睪廣廣：廣大貌。

11 涫（粵：貫；普：guàn）涫紛紛：活躍紛雜貌。

12 八極：八方。

譯文

未曾得到道而追求道的工夫，就叫做清虛統一而平靜。做到這個工夫，即是將會求道的人，要做到清虛就能進入道，將會從事道的人，做到統一就能盡道，將會思考道的人，做到平靜就能明察道。知道道而明察，知道道而實行，就是能體會道的人。做到清虛統一而平靜，就能到達非常清明透徹的境界。看萬物，沒有甚麼形狀是看不見的，沒有看見而不能論說的，沒有論說而說錯的。人坐在室內，可看見四海；身處現在，可以論說久遠的事情。通觀萬物而知道萬物之情，考察政治的治亂而明白法度，治理天地而管理萬物，掌握大道理而宇宙得到大治。這時人心的境界就變得恢廣深遠，廣大無邊，不知德行何其深遠；活躍紛雜，不知萬物有多少形狀。人心的光明可參配日月，廣大可充滿八方，這就叫做大人了。又怎會有所蒙蔽呢？

心者，形之君也，而神明之主也，出令而無所受令。自禁也，自使也，自奪也，自取也，自行也，自止也。故口可劫[1]而使墨[2]云，形可劫而使詘申，心不可劫而使易意，是之則受，非之則辭。故曰：心容[3]，其擇也無禁，必自現，其物也雜博，其情之至也不貳[4]。《詩》云：「采采卷耳[5]，不盈頃筐[6]。嗟我懷人，寘[7]彼周行[8]。」頃筐易滿也，卷耳易得也，然而不可以貳周行。故曰：心枝[9]則無知，傾則不精，貳則疑惑。以贊稽[10]之，萬物可兼知也。身盡其故則美。類不可兩也，故知者擇一而壹焉。

注釋

1 劫：強制。
2 墨：緘默。
3 容：容納。
4 貳：不專一。
5 卷耳：一種可食用的植物。
6 頃筐：一種容器。
7 寘：同「置」。

8 周行：大路。

9 枝：枝蔓分散。

10 贊稽：幫助考察。

譯文

人的心，是形軀的君主，精神的主宰，發出命令而不接受命令。心自己禁止自己，自己驅使自己，自己奪去自己，自己接受自己，自己行動，自己停止。所以可令口強制緘默，令形軀強制屈伸，但不可以強制而令心改變意志，對的就接受，錯的就推辭。所以說，心能容納不同事物，選擇是沒有禁制的，一定是心自己呈現，心主宰的事物雖很博雜，但心的情是最高主宰，這是不會不專一的。《詩經》說：採摘卷耳，載不滿一筐。我很懷念他，把筐放在大路上。一筐是很容易滿的，卷耳是很容易得到的，但心不可以不統一於大路上。所以說：心意枝蔓分散了，就不能主宰，等於不能知事物。心傾斜於一特定事物，就不能精深細察，心意分散，就會疑惑。心能統一於道，有助於考察事物，萬物是可以同時知道的。人能夠盡這個道理，就能完美了。心所選擇的事物類別不能是兩種，所以知道心的人，應選擇一個事物，而統一於道。

虛壹而靜的心，更能自作主宰。心因為虛，所以能有收藏，能夠不因為這個一而損害那個一，能夠統一起兩個一，由此而見到心能夠自作主宰。所以心能夠自禁、自使、自行、自止，即是直接對行為有自覺的選擇。而在選擇時，心中可以同時有兩個或多個事物，所以是博雜的，都可以加以選擇，這是心可以容納選擇，而不能禁止的。心如果不能自作主宰，被事物所影響，搖擺不定，枝蔓分散，就不能自知，而成為無知。心不傾向某一事物，而能兼知，並作最終決定，這就是專一不貳，沒有疑惑。人心能統一兼知萬物，又可以選擇一而專精於一，即是人心可以不因為這個一而損害那個一。選擇一而專精，就是自作主宰，人就可以盡心於某一類事了。這就是荀子肯定人文世界各類事業各有專精的根據。

人心原本能夠兼知萬物、統一萬物，然後選擇一、精於一。所以人是各有專精，各有所長。各有專精，又可以互相配合，由此而組織成為人文社會。這是荀子書中最重要的一個思想。

農精於田，而不可以為田師；賈精於市，而不可以為市師；工精於器，而不可以為器師。有人也，不能此三技，而可使治三官。曰：精於道者也。〔非〕精於物者也。精於物者以物物[1]，精於道者兼物物。故君子壹於道，而以贊稽物。壹於

道則正，以贊稽物則察；以正志行察論，則萬物官矣。

注釋

1 物物：第一個物是主宰的意思。物物，即主宰事物。

譯文

農人專精於耕田，而不可以做管理田地的官，商人專精於市場買賣，而不可以做管理商人的官，工匠專精於製造器具，而不可以做管理器具的官。有些人，不專精於這三種技能，而可以做治理這三種行業的官，所以說：能夠專精於道的，不等於能專精於事物。專精於某事物的，可以主宰某事物，專精於道的，能同時主宰各類事物。所以君子能夠統一萬物於道，可以幫助考察萬物。能夠統一於道就能正確對待萬物，能幫助考察事物就能明察，用正確的心志，實行明察的道理，萬物就可以被治理了。

賞析與點評

荀子下面會說人心和道心的分別。人心指專精於一特定事物，而不能貫通到其他事物的心；道心則能夠同時知道不同的人所專精的事都有意義和價值，能夠同時知道而又要求加以配合貫通。人心、道心的區分最初不是道德意義的區分，而是人文意義的分別。其實荀子所重視的心，是人文統類的心。

農人、工人、商人只是專精於事物，而不能做老師，不能做管理者，正是因為他們只有人心，沒有道心。有人心，就可以成就專精的事業，所以人心是人不可缺少的。但如果只有人心，就不能做老師，做管理者。做老師，做管理者，要教導治理農人、工人、商人，並處理他們的事務的關係，所以一定要能夠同時貫通各人各事物，知道他們的相互關係，然後加以調理。這個調理的心，就是居於人心的上一層次的道心，可令不同事務協調而得到完成。

現代中華文化的問題是人心只傾側於政治和經濟的事務，其他人文類別的事務全忽略了。所以中華文化未來的發展，應是重拾道心，不要因為這個一而損害那個一。

昔者舜之治天下也，不以事詔[1]而萬物成。處一危[2]之，其榮滿側；養一之微，榮矣而未知。故《道經》曰：「人心之危，道心之微。」危微之幾，惟明君子而後能知之。故人心譬如槃水，正錯[3]而勿動，則湛濁在下，而清明在上，則足以見鬚眉而察理矣。微風過之，湛濁動乎下，清明亂於上，則不可以得大形之正

也。心亦如是矣。故導之以理，養之以清，物莫之傾，則足以定是非決嫌疑矣。小物引之，則其正外易，其心內傾，則不足以決庶理矣。

注釋

1 詔：告示。

2 危：一般引申作戒懼謹慎。唐君毅先生用「高標」的意思解釋。「處一危之」解作：心凸出而凝聚，處於一事物之內，而高標出意義和價值的心。

3 錯：措，放置。

譯文

以前舜帝治理天下，不必事事告示天下，而萬物就可成就。如果人心只是處於一個事物之內，而高標出某一個意義和價值，他的榮耀充滿於某一偏側。如果培養專一於道的心，只是隱微的心，有榮耀而不知道。所以《道經》說：「人心會高標出來，道心則是隱微的。」高標或隱微的微小分別，只有光明的君子才能知道。所以人心好像盤中的水，正確放置而不動的話，混濁的水會在下面，清明的水會在上面，足以看到鬚眉，清楚看到皮膚上的紋理。微風吹過，混濁的水會在下面動，清明的水在上面會混亂，就不可以得到整體的正確形狀。心也是這樣，所以用道理引導，培養清明，不要傾側於某事物，心就足以決定對錯，解決嫌疑。細小事物牽引人心，只是改正外表容易，但人心內在有所傾斜，就不足以決斷平常的事理了。

賞析與點評

這段說人心和道心的分別，只有君子能夠明察，因為君子不只是專精於一種事務，所以不能不知道人心和道心的不同。君子應該有道心，令心不傾側，好像盤水，要放置平正，平正就不會偏側，就會清明。現代人總是想成為專家，而不知道較專家更高要求的，就是做老師和管理者，因為要能夠懂得各專家的價值，更加需要君子。所以古人會更加要求知識分子做一個君子。

故好書[1]者眾矣，而倉頡獨傳者，壹也；好稼者眾矣，而后稷獨傳者，壹也。好樂者眾矣，而夔[2]獨傳者，壹也；好義者眾矣，而舜獨傳者，壹也。倕[3]作弓，浮游[4]作矢，而羿精於射；奚仲[5]作車，乘杜[6]作乘馬，而造父[7]精於御：自古及今，未嘗有兩而能精者也。曾子曰：「是其庭[8]可以搏鼠，惡能與我歌矣！」

注釋

1 書：文字。

2 夔：舜的樂官。

3 倕：舜的工匠。

4 浮游：傳說創造箭的人。

5 奚仲：禹時管理車輛的官。

6 乘杜：周朝祖先契的孫。創作四馬駕車法的人。

7 造父：周穆王時著名的擅長駕車人。

8 庭：通「莛」，打節拍的小竹棍。

譯文

所以愛好文字的人很多，而只有倉頡一人傳世，因為他能統一於道；愛好莊稼的人很多，而只有后稷一人傳世，因為他能統一於道；愛好音樂的人很多，而只有夔傳世，因為他能統一於道；愛好正義的人很多，而只有舜一人傳世，因為他能統一於道。倕製造弓，浮游製造箭，后羿專精於射術，奚仲管理馬車，乘杜創作駕馬車的方法，而造父專精於駕馬車。由古至今，沒有心意搖擺而能專精的。曾子說：「看他用來打節拍的小竹棍，可以用來摶打老鼠，又怎能和我一起唱歌呢？」

賞析與點評

做專家也要能統一於道，先做君子，然後做專家，才會是一個有意義的、真正知道自己做甚麼的專家。

空石[1]之中有人焉，其名曰觙[2]。其為人也，善射以好思。耳目之欲接，則敗[3]其思；蚊虻之聲聞，則挫其精。是以辟[4]耳目之欲，而遠蚊虻之聲，閑居靜思則通。思仁若是，可謂微乎？孟子惡敗而出妻[5]，可謂能自彊矣；有子[6]惡臥而焠[7]掌，可謂能自忍矣；未及好也。辟耳目之欲，可謂自彊矣，未及思也。蚊虻之聲聞則挫其精，可謂危矣；未可謂微也。夫微者，至人[8]也。至人也，何彊？何忍？何危？故濁明外景，清明內景，聖人縱其欲，兼其情，而制焉者理矣。夫何彊？

何忍？何危？故仁者之行道也，無為也；聖人之行道也，無彊也。仁者之思也恭，聖者之思也樂。此治心之道也。

注釋

1 空石：石洞。

2 觙：相傳是孔子之孫，子思。

3 敗：干擾。

4 辟：通「避」。

5 出妻：休妻。

6 有子：即有若，孔子的學生。

7 焠：燒。

8 至人：最高境界的人。

譯文

石洞之中有人，叫做觙。他的為人，擅長推理，好思考。耳目接觸到慾望，就會干擾他的思維；聽到蚊虻的聲音，就會干擾他的專精。所以要避開耳目慾望，遠離蚊虻的聲音，閒居靜思才能貫通。如果這樣思考仁，可算是隱微嗎？孟子恐怕敗壞而休妻，可算是自我勉強了，但未思考全面。有子恐怕睡着而燒手掌，可算是能自我忍耐了，但未算好。避開耳目的慾望，遠離蚊虻的聲音，可算是能夠用心專精凸顯於一處了，但仍未做到隱微的工夫。要是心能做到隱微，人就臻於最高境界了。最高境界的人，何須勉強？何須忍耐？何須凸出？所以昏濁的光明，只算是外表的光明；透徹的清明，才算是內在的光明。聖人可以放縱他的慾望，同時有他的情感，又用他的理性治理事務。又何須勉強，何須忍耐，何須凸出呢？所以仁者實踐道，是沒有人為造作的；聖人實踐道，沒有勉強。仁者的思考只是恭敬，聖人的思考只是快樂，這就是治理人心的道了。

賞析與點評

一般人的心是專精於一物一事，心常會有所傾側，但荀子說養心，是要養清明不傾側的道心，可以平正看待各類事物。和道心相對的，是人心，培養人心可以從事農業、工業、商業，但不能做老師和管理者。做老師和做管理者，一定要培養道心。培養道心，就是保存心的清明和不偏，不是強制人心凸顯於一個地方，或執著於一定的道德標準。強制的工夫不能培養貫通眾理的道心，只可以培養專精於一事一物的人心。所以荀子以石洞中之人和孟子、有子為例子。石洞中的人善射好思，想去除耳目的慾望，成為能夠忍耐情慾的人。他只是為了專精一項技能，耳目的慾望、蚊虻的聲音，都會擾亂他的用心專精，所以要避世閒居和靜思。但這正是荀子所說的只知道用人心，偏向一個方向，而不能有道心的隱微。孟子執著於一個禮，認為妻子不合禮，想休妻。有子厭惡貪睡，燒自己的手掌，都是執著於一個道德標準，由此也有成就，但是用心偏向一側，仍然沒有道心的隱微。原因是，培養道心，要令心清明，沒有偏側，而不是強制自己的心，變得凸出而高危。人心凸出，外在的蚊蟲之聲都足以擾亂人心。而人認為是對的，也不一定全是對的。孟子只執著於一定的禮，而忘記自己也有不合禮的地方；有子厭惡貪睡而燒掌，而忘記了會傷害父母給予的身體。

所以荀子說至人的用心是「何強？何忍？何危？」聖人的縱慾兼情，不是一般的放縱情慾，只是不強忍情慾，不令心偏向一側，而用理同時令各方面情慾都各得其所。

現代人對儒家有誤解，以為儒家要強制別人或自己實踐某些道德禮義但荀子所說的「何強？何忍？何危？」之道心，打破了人們的偏見。

性惡篇第二十三

本篇導讀——

荀子說的性惡，是相對人為努力或禮義而言的。離開這二者的相對性，單單說性，是沒有性惡可言的。而人性和人為努力的相對關係，其實就是人努力實行禮義的理想，同這個理想要轉化的現實，這二者間的相對關係。因為人愈有理想，便愈想轉化現實；愈想轉化現實，便愈發現現實惰性的強頑，愈和理想想悖。人便會根據自己的理想，評判這個未曾被轉化的世界，認為現實不合乎理想中的善，是不善的，是惡的。所以荀子的性惡，不能離開他的道德文化理想而說。但現在人們常說，荀子是由客觀經驗中見到的各種人性惡事實，歸納出性惡的結論；或者認為是荀子見到人天性的惡，然後才提倡人化性起偽，這些說法都未能夠深入了解荀子說性惡的意思。

荀子見到，人想實現禮義，實踐禮義，而這個想實現禮義、積思慮習偽故的人心，是相對於想要轉化的現實生命狀態而言的。這個現實生命狀態，相對於人道德文化理想的禮義而言，就是一個負面的存在。所以禮義是善，人性就是不善的惡。但並不表示，離開了人的道德文化理想，人的天性也能夠稱為惡。一個人已經有道德文化理想，要求理想的實現，由此而要求人的現實生命狀態有所轉化。荀子對這個轉化意義的認識，其實較孟子了解得深切。既然要轉化人的現實生命狀態，就不會認為這是善的，而認為是惡的。所以性惡的說法，在這個轉化意義上，是不可以不確立的。

人之性惡，其善者偽[1]也。今人之性，生而有好利焉，順是，故爭奪生而辭讓亡焉；生而有疾[2]惡焉，順是，故殘賊[3]生而忠信亡焉；生而有耳目之欲，有好聲色焉，順是，故淫亂生而禮義文理[4]亡焉。然則從人之性，順人之情，必出於爭奪，合於犯分亂理，而歸於暴。故必將有師法之化，禮義之道[5]，然後出於辭讓，合於文理，而歸於治。用此觀之，人之性惡明矣，其善者偽也。

注釋

1 偽：人為的意思。指人的努力。

2 疾：同「嫉」，嫉妒的意思。

3 殘賊：傷害。

4 文理：條理，秩序。

5 禮義之道：道，同「導」。指用禮義教導。

譯文

人的性是惡的，而所謂善的，是人為努力。現在的人性，有生下來而貪好私利的，順着這個性，會出現爭奪，而辭讓的德行就消失了。有生下來而嫉妒、憎恨的，順着這個性，會有對人的傷害，而忠信的德行就消失了。有生下來而有耳目的慾望，有喜歡聲色慾望的，順着這個性，會有淫亂出現，而人的禮義文理秩序就消失了。這樣，由人的性，順着人的情，一定會出現互相爭奪，有合乎冒犯名分的混亂文理秩序情況出現，最後歸於暴亂。所以一定要有老師法制的教化，禮義的教導，然後才會有辭讓的德行出現，合乎文理秩序，最後歸於治理安定。由此看來，人的性是惡的，就很明顯了，而善就要人為努力了。

賞析與點評

由這段文字可見，荀子是由人的禮義和人性相對比而說性惡的。性之所以為惡，是因為人生來而有好利等人性，而這些人性會令禮義辭讓的德行消失。所以人如果要回歸辭讓禮義的德行，一定要教化人性才可以。這就是禮義和人性間的相互對反關係。所以如果禮義文理是善的，則人性就一定不是善的，而是惡的。禮義文理是理想，人性是現實，因為理想是善，所以才見到性的現實是惡。不是孤立而說性惡，而是由人順着性而令禮義文理不存在，才說性是惡的。

所以荀子重點不是說人性是惡，不是想原諒人的惡習，以為惡習是正常的。荀子是想說人要成就禮義文理的理想，建立一個禮義文理的社會。近代中國人受西方文化影響，也用科學方法研究人性，出現社會學、心理學、生物學、經濟學的人性觀，不約而同都是向着人性惡的方向研究，都認為人性惡是正常的，人為自己的生存而活是正常的，人自私的是正常的，人好逸惡勞是正常的，把一切荀子認為不理想的現實正常化，把人的惡習合理化，還要拿荀子的話作為理據，相信這是荀子想不到的。其實這樣的方向正是荀子反對的、想要改變的。

故枸[1]木必將待檃栝[2]、烝矯然後直；鈍金[3]必將待礱厲[4]然後利；今人之性

惡，必將待師法然後正，得禮義然後治，今人無師法，則偏險而不正；無禮義，則悖亂而不治，古者聖王以人之性惡，以為偏險而不正，悖亂而不治，是以為之起禮義，制法度，以矯飾[5]人之情性而正之，以擾化[6]人之情性而導之也，始皆出於治，合於道者也。今人之化師法，積文學，道禮義者為君子；縱性情，安恣睢[7]，而違禮義者為小人。用此觀之，人之性惡明矣，其善者偽也。

注釋

1 枸：彎曲。
2 檃栝：矯正彎木的工具。
3 鈍金：不鋒利的刀劍。
4 礱厲：磨礪。
5 矯飾：飾，同「飭」，整治。
6 擾化：馴服教化。
7 恣睢：恣肆放蕩。

譯文

所以彎曲的木材，一定要靠檃栝蒸熱矯正，然後才直；不鋒利的刀劍，一定要磨礪，然後才鋒利；現在人的性惡，一定要靠老師、法制，然後才能改正，有禮義然後才能治理安定。現在的人沒有老師、法制，就會偏邪險惡而不端正；沒有禮義，就會悖亂而不安定。古代的聖王因為人的性惡，因為偏險而不端正，悖亂而不安定，為此而建立禮義，制定法度，用來整治人的情性，改正人的情性，馴服教化人的情性，引導人的性情。令人的性情都是由安定而表現，合乎道統。現在的人，接受老師，法制的教化，積累文化知識，實行禮義的人，便是君子；放縱性情，安於恣肆放蕩，違背禮義的人，便是小人。由此看來，人的性是惡的，就很明顯了，而善就要人為努力了。

賞析與點評

這段說人一定要靠師法，得到禮義，然後得到安定，才能成為君子。否則，放縱性情，違背禮義，會成為小人。由君子的善，才見到小人的不善，所以這也是一個相對的關係。小人是相對於君子之善而叫做惡，性惡也是相對於禮義之善而言的。

荀子強調了禮義、師法的重要，希望人可以成為君子。中國人重視師道傳統，中國文化就是由老師傳承下來的，令中國有一代一代的君子出現。但現今的教育制度，把教育視為一項產業，用來謀利，教導學生做君子，而是教導學生懂得考試，可以求職求利而已。這不需要我們反省嗎？

孟子曰：「人之學者，其性善。」曰：是不然。是不及知人之性，而不察乎人之性偽之分者也。凡性者，天之就也，不可學，不可事。禮義者，聖人之所生也，人之所學而能，所事而成者也。不可學，不可事，而在人者，謂之性；可學而能，可事而成之，在人者，謂之偽。是性偽之分也。今人之性，目可以見，耳可以聽；夫可以見之明不離目，可以聽之聰不離耳，目明而耳聰，不可學明矣。

譯文

孟子說：人之所以能學，是因為性善。（荀子）說：不是。這樣是不真正知道人的性，看不到人的人性和人為努力的分別。一切人的性，是由天成就的，不可以學習得到，不可以從做事得到。禮義，是聖人創制的，是人學習而學到的，人由做事而能成就的。不可以學習得到，不可由做事得到，而存在於人的，叫做性。可以學習而做到，可以由做事而成就，存在於人的，叫做人為努力。這是人性和人為努力的分別。現在人的性，好像眼可以看到事物，耳可以聽到聲音。可以看得清楚離不開眼，聽得清楚離不開耳，眼看得清和耳聽得清，是不可以學習得的，就很清楚了。

孟子曰：「今人之性善，將皆失喪其性故也。」曰：若是則過矣。今人之性，生而離其朴，離其資，必失而喪之。用此觀之，然則人之性惡明矣。所謂性善者，不離其朴而美之，不離其資而利之也。使夫資朴之於美，心意之於善，若夫可以見之明不離目，可以聽之聰不離耳，故曰目明而耳聰也。

譯文

孟子說：現在人的性善，都是因為喪失了人性，所以成為惡。（荀子）答：如果以為是這樣，就錯了。現在人的性，出生後就離開了本來的質樸，離開了本來的資質，一定是喪失的。由此看來，人的性是惡的，就很明顯了。所謂性善，應是不離開人的質樸而見到美，不離開人的資質而對人有利。資樸相對於美，心意相對於善，應該好像清明離不開眼目，聽得清楚離不開耳朵一樣，所以叫做目明而耳聰。

今人之性，飢而欲飽，寒而欲煖，勞而欲休，此人之情性也。今人飢見長而不敢先食者，將有所讓也；勞而不敢求息者，將有所代也。夫子之讓乎父，弟之讓乎兄，子之代乎父，弟之代乎兄，此二行者，皆反於性而悖於情也；然而孝子之道，禮義之文理也。故順情性則不辭讓矣，辭讓則悖於情性矣。用此觀之，人之性惡明矣，其善者偽也。

譯文

現在人的性，飢餓就想吃飽，寒冷就想溫暖，疲勞就想休息，這是人的情性。現在的人飢餓，看見長輩就不敢先吃，就是對長者有所辭讓；疲勞而不敢要求休息，就是想為長者代勞。子女讓父親，弟弟讓兄長，子女為父親代勞，弟弟為兄長代勞，這二種德行，都是違反人性而違背性情的。但孝子之道，就是禮義的文理。所以，順着情性是不會辭讓的，而辭讓就會違背人的性情。由此看來，人的性是惡的，就很明顯了，而善就要人為努力了。

賞析與點評

這二段是反駁孟子的說法，認為孟子不知道人性和人為努力的分別。荀子認為人要學習的事是違反人的性，違背人的情，但也因為違反性情才成就人的善。所以這段所說的飢餓想吃飽，疲勞想休息，就本身活動來看，並沒有惡的意思，這是很明顯的。但人如果順從這些活動而做，就會和辭讓形成一個對反的關係，令辭讓消失，這就見到惡了。

由這段可見，禮義不只是一個規範人的形式，更要培養人的道德性情。就算是荀子，說性惡、重視禮義，也是想培養出人善的性情，而不是規條、枷鎖，用來控制人。現代中國人總以為中國傳統文化的禮教，是限制人性的枷鎖，令人性得不到自由，這就不是禮義傳統的原意了。其實儒家傳統是要培養出人行善的自由性。如果後來的儒者只說禮教規條，而失去了其中意義，就會成為枷鎖了。

問者曰：「人之性惡，則禮義惡生？」應之曰：凡禮義者，是生於聖人之偽，非故生於人之性也。故陶人[1]埏埴[2]而為器，然則器生於陶人之偽，非故生於人之性也。故工人斲[3]木而成器，然則器生於工人之偽，非故生於人之性也。聖人積思慮，習偽故，以生禮義而起法度，然則禮義法度者，是生於聖人之偽，非故生於人之性也。若夫目好色，耳好聽，口好味，心好利，骨體膚理好愉佚[4]，是皆生於人之情性者也；感而自然，不待事而後生之者也。夫感而不能然，必且待事而後然者，謂之生於偽。是性偽之所生，其不同之徵也。

注釋

1 陶人：製作陶器的人。
2 埏埴：揉捏黏土。
3 斲：砍削。
4 愉佚：舒適安逸。

譯文

有人問：人的性既是惡的，則禮義怎樣出現呢？荀子回答說：一切禮義，是由聖人的人為努力而制訂出的，不是因為人的性而出現的。所以製作陶器的人揉捏黏土，做成器物，則這器物是由工人人為努力而出現的，不是因為人的性而出現的。所以工人砍削木材而做成器物，則這器物是由工人的人為努力而出現的，不是因為人的性而出現的。聖人積聚思慮，熟習人為的事情，制訂禮義而創建法度，則禮義法度是出於聖人的人為努力，而不是出於人的性。好像眼目喜好美色，耳朵喜好美聲，口喜好美味，心喜好利益，身體皮膚喜好舒適安逸，都是出於人的情性。這是人感到自然的事，不必等待人為的事然後才出現的。而由人的感覺而不能自然的事，一定要等待人為的事，然後才肯定的，就是出於人為努力。這個人性和人為出現的不同，有不同的特徵。

故聖人化性而起偽，偽起而生禮義，禮義生而制法度；然則禮義法度者，是聖人之所生也。故聖人之所以同於眾，其不異於眾者，性也；所以異而過眾者，偽也。夫好利而欲得者，此人之情性也。假之[1]人有弟兄資財而分者，且順情性，好利而欲得，若是，則兄弟相拂奪矣；且化禮義之文理，若是，則讓乎國人矣。故順情性則弟兄爭矣，化禮義則讓乎國人矣。

注釋

1 假之：假如。

譯文

所以聖人教化人性而做人為努力，人為努力生起，就出現禮義，有禮義，就制訂法度，所以禮義法度是聖人所制訂的。所以聖人和眾人相同，和眾人沒有不同的，就是人性。而和眾人不同又超過眾人的地方，就是人為努力了。喜好利益而想得到利益，這是人的性情。假如人有兄弟財產的分配，如果順着人的性情，喜好利益而又想得到利益，如果是這樣，則會出現兄弟互相爭奪。如果是以禮義文理教化，這樣，全國人就會有辭讓。所以順着人的性情，就會兄弟爭奪，而由禮義教化，就會令全國人有辭讓。

賞析與點評

荀子這段話要解答一個問題，人性既然是惡的，則禮義又怎樣產生出來呢？荀子的意思，禮義是出自聖人的積思慮、習偽故。這是聖人和一般人不同的地方，而聖人的人性和一般人是相同的。荀子認為出於積思慮、習偽故的，就不是出於人性。

由此可見，荀子重點在聖人怎樣用人為努力改善人性，肯定人為努力的價值，而不是為人的罪惡找藉口，說人本來性惡，這和現代學術總想為人的惡合理化的方向不同。所以荀子不是深入追尋人性惡的原因，而是想說出人為努力的禮義的價值和意義。

凡人之欲為善者，為性惡也。夫薄願[1]厚，惡願美，狹願廣，貧願富，賤願貴，苟無之中[2]者，必求於外。故富而不願財，貴而不願埶[3]，苟有之中者，必不及於外。用此觀之，人之欲為善者，為性惡也。今人之性，固無禮義，故彊學而求有之也；性不知禮義，故思慮而求知之也。然則性而已，則人無禮義，不知禮義。人無禮義則亂，不知禮義則悖。然則性而已，則悖亂在己。用此觀之，人之性惡明矣，其善者偽也。

注釋

1 願：嚮往。

2 無之中：中，指人本身。人本身沒有。

3 埶：權勢。

譯文

一切想成為善的人，都是因為人性惡。因為微薄的嚮往豐厚的，醜陋的嚮往美麗的，狹窄的嚮往廣闊的，貧窮的嚮往富有的，貧賤的嚮往尊貴的。如果人自己本身沒有的，就一定要在外面尋求。所以富有的人不嚮往財富，尊貴的人不嚮往權勢，如果人本身就有，一定不會在外面尋求。由此看來，人之所以想成為善的人，是因為人性惡了。現在的人性，本來沒有禮義，所以努力學習而要求能夠有禮義。人性本來不知道禮義，所以加以思慮學習，而要求知道禮義。這樣，由人天生來說，人沒有禮義，不知道禮義。人如果沒有禮義就會亂，不知道禮義就會違背禮義。這樣，由人天性來說，悖亂是在於自己本身。由此看來，人的性是惡的，就很明顯了，而善就要人為努力了。

賞析與點評

這段文字直接就人想成為善，而證明人性惡，最有推理趣味，但問題卻最大。荀子說性惡，只相對於性和禮義而言，這個意思也是最明顯的。人想成為善，是孟子說性善的說法。孟子說人想成就正義過於生存，是孟子想證明人性善；荀子就說人想成為善，是反證人最初沒有善。但這個「沒有善」，是不是就是惡呢？這大有問題。只由沒有善說，未必就是惡。好像沒有正數，未必一定是負數。不富貴的人，未必一定就是貧賤的人。所以沒有善不一定就是惡，而沒有善而想成為善，這個「想」，根據孟子的說法，不可不說是善的。現在荀子是由人想成為善，來證明性惡，可見荀子只是在人想成為善和現實上沒有善，這二者關係中來說惡。即是由想成為善，反照出尚未有善的現實是惡。好像人因為有富貴的觀念在意念中，有所羨慕，才自知自己是貧賤的。所以荀子其實也是想人成為善，而不是要證明人性惡。

孟子曰：「人之性善。」曰：是不然。凡古今天下之所謂善者，正理平治[1]也；所謂惡者，偏險悖亂也：是善惡之分也矣。今誠以人之性固正理平治邪，則有惡用聖王，惡用禮義哉？雖有聖王禮義，將曷加於正理平治也哉？今不然，人之性惡。故古者聖人以人之性惡，以為偏險而不正，悖亂而不治，故為之立君上之埶以臨之，明禮義以化之，起法正以治之，重刑罰以禁之，使天下皆出於治，合於善也。是聖王之治而禮義之化也。今當試去君上之埶，無禮義之化，去法正之治，無刑罰之禁，倚[2]而觀天下民人之相與也。若是，則夫彊者害弱而奪之，眾者暴寡而譁之，天下悖亂而相亡，不待頃[3]矣。用此觀之，然則人之性惡明矣，其善者偽也。

注釋

1 正理平治：合乎禮義。

2 倚：站立。

3 頃：很短的時間。

譯文

孟子說：人的性是善的。（荀子）說：不是。古今天下人所說的善，都是合乎正理安定的法度，而所說的惡，就是偏險悖亂的。這就是善惡的分別。現在如果真以為人的性本來是合乎正理法度的，則又何必使用聖王，何必使用禮義呢？即使有聖王禮義，又怎樣加以正理平治呢？現在說不是，人的性是惡的。因此古代聖人因為人性惡，因為人偏險不正，悖亂不治，所以建立君主的權勢而統治人民，發揚禮義而教化人民，建立法度而治理，加重刑罰而禁止（作惡），令天下人都能安定，合乎善。這是聖王的治理和禮義的教化。現在假如嘗試放棄君主的權勢，沒有禮義的教化，廢除法正的治理，沒有刑罰的禁止，站着而看天下人民的互相交往，如果是這樣，則強者侵害弱者而搶奪，人數多的欺淩人數少的而侵擾，天下悖亂而相繼滅亡，很快會出現了。由此看來，人的性是惡的，就很明顯了，而善就要人為努力了。

賞析與點評

這段是假設天下沒有禮義教化，很快就會大亂。明顯是說，由客觀天下有禮義教化和無禮義教化任由人性會天下大亂，由此而說人性惡。可見荀子論證人性惡，都是由人性和禮義的相對關係而言。離開這個相對關係，就不能說是性惡了。可見重點是禮義而不是性惡，和一般人用荀子性惡論反對儒家的性善論的說法有所不同。

附錄

《荀子》其他篇章內容

本書想要說明荀子的學問，就是形成人文世界之道。人在自然世界之上，要開出一個人文世界。所以荀子不只說人道，更說人文文化類別之道，荀子說人和各類自然物的關係，說人與人在世界中的各種關係，有說天道，有說人道，有說天地萬物之道，有說求學、修身、政治、經濟、軍事、制度、音樂等各文化之道。

本書選出主要的篇章，並從每篇中精選出部分內容，扼要說明荀子形成人文世界的禮義之道。因篇幅有限，有些篇章未有選入，故在這裏補充其大意，讓讀者能更全面掌握荀子學問的大概。

《仲尼篇》第七

《仲尼篇》用了文章開頭二字作為篇名，和內容並無關係。首二段是說霸者自然有其不滅亡之道，而不免會有用禮讓來裝飾自己的表現；王者才能真正致力使用賢者來強大國家。又說臣子事君主和以禮自持之道。

《議兵篇》第十五

《議兵篇》是討論軍事的文章。說軍隊是以統一人民為根本目的。軍隊崇尚誠信，不崇尚欺詐。軍隊應是仁德之人的軍隊，天下人的軍隊。又說到軍隊的強弱關連於政治。又說仁義之師是無敵的，說做將領的六術、五權、三至和王者的軍制。最後說仁者之所以用軍隊，是因為仁者愛人，所以憎惡危害別人，因為義者遵循義理，所以憎惡別人搞亂。又說，仁者的軍隊，所經過的地方都受到感化，所停留的地方都得恰當的治理，好像及時雨降下，沒有不歡喜的。孟子用來說君子德行的「所過者化，所存者神」，荀子用來說仁義之師，可見說軍事，也是注重仁義德性的。最後荀子說，兼併別國容易，但要鞏固凝聚才是困難。這就又歸到政治上了。

《強國篇》第十六

《強國篇》說人的命在於天，國家的命在於禮，強國就要尊崇禮。威嚴有三種，有道德的威嚴，有嚴厲監察的威嚴，有狂妄的威嚴，道德的威嚴才能真正強國。又說得到勝過別人的權勢，不及得到勝過別人的禮義之道。最後說秦國的霸政，治理得很好，但他們沒有儒者，所以只能稱霸，不能稱王，因為不是崇尚禮義。

《正論篇》第十八

《正論篇》是要以公正的議論來駁斥當時流行的錯誤看法。例如：君主之道應該隱蔽周密的主張，桀紂本來擁有天下而湯武是篡奪天下的說法，宋鈃主張被人侮辱而不以為恥，不以為恥就不會令人鬥爭等，荀子對此作出辯論。

《正名篇》第二十二

《正名篇》說名稱和所指內容之間的關係，又說應如何制定名稱。這是中國古代關於語言邏輯的重要篇章之一。荀子認為聖王制定名稱，事物就能被分辨，人民就能夠溝通，聖王之道就能實行。但社會上卻有很多人擅自作出名稱，混亂正確的名稱，令人民疑惑，所以要寫《正名篇》來糾正。荀子提出名稱是約定俗成的，認為名稱本來不固定，相約而命名，使用和相約不同的名稱就不適宜，名稱所指的內容本來也沒有固定，相約內容而命名，所以是約定俗成。篇中也批評了一些和名稱相關的異端邪說。

《君子篇》第二十四

《君子篇》的君子是指君主，主要說為君之道。君主使用刑罰超過罪行應得的，獎賞超過德行應得的，根據親族來論罪，根據世系來任用賢人，就會形成亂世。君主應該效法聖王，根據禮義來制定事務，應該崇尚賢能，使貴賤有等級差別，親疏要區分，長幼要有次序，刑罰要和罪行相當，爵賞要和德行相當。這才是先聖王之道。

《成相篇》第二十五

成，是把樂曲從頭到尾演唱一遍；相，是古代一種敲擊樂器，又叫做拊，成相，即一邊唱一邊擊拊，可能是一種民間的演唱方式。《成相篇》是以體裁作為篇名。全文五十六章，分為三篇。每篇以「請成相」開頭。這是古代一種朗誦的文體，須押韻，句式整齊，近似詩歌。本篇用朗誦句式說明了荀子崇尚禮義的政治主張，是研究古代韻文的重要資料。

《賦篇》第二十六

賦，也是一種朗誦文體，也要押韻。但句式不像詩，而像散文，沒有固定格式，可說是押韻的散文。賦，後來發展成為中國文學一種重要文體，最初就是荀子這一篇，所以這篇也是研究韻文的重要資料。本篇有五篇賦，每首說一事物。前半句式較整齊，近似《詩經》，後半較散文化，較近似《楚辭》，內容是猜一事物，最後說出謎底。五篇分別說禮、知、雲、蠶、針。崇尚禮和知，是荀子的學說主張，而雲、蠶、針是託物諷諭，仍是說出崇尚禮義的主張。最後是一首詩和一首歌，不是猜謎，而是說出當時的社會政治問題。

《大略篇》第二十七

《大略篇》是荀子弟子記下的荀子言論，內容很分散，難以概括，但總體也可以看到荀子思想的大概，所以叫做《大略》，主要是說隆禮尊賢思想和禮儀，形式與《論語》相似。

《宥坐篇》第二十八

《宥坐篇》至《堯問篇》五篇是荀子和弟子摘錄的資料教材，經後人編輯而成。這些內容雖不是荀子自己編寫，但對研究荀子思想有一定價值，而內容也保留了不少春秋戰國時期儒家學說的文字，是很有價值的歷史文獻。宥坐，指第一節所說的宥坐之器，是放在座位右邊的盛水器皿。這個器皿完全沒有水會傾斜，注水一半就會端正，盛滿水就會翻倒。放在座位右邊，用來提醒人不要太過或不及。本篇主要記載孔子言行，以示荀子對孔子的繼承。

《子道篇》第二十九

《子道篇》開首是說孝道，故名子道。本篇也記載孔子和弟子的其他言論。

《法行篇》第三十

《法行篇》記載值得效法的言行，故名法行。

《哀公篇》第三十一

本篇第一節說魯哀公問孔子，故以「哀公」為篇名。內容記載孔子和魯哀公的對話，最後也有顏淵和魯定公的對話。

《堯問篇》第三十二

本篇第一節說「堯問於舜」，故以「堯問」為篇名。內容記載很雜，最後一節是荀子弟子對荀子的總論。

名句索引

一至二畫

三畫

大儒者，天子三公也；小儒者，諸侯、大夫、士也；眾人者，工農商賈也。禮者，人主之所以為群臣寸尺尋丈檢式也。人倫盡矣。　一〇五

凡人之欲為善者，為性惡也。今人之性，固無禮義，故彊學而求有之也；性不知禮義，故思慮而求知之也。　二六九

凡治氣養心之術，莫徑由禮，莫要得師，莫神一好。　〇四〇

凡說之難，以至高遇至卑，以至治接至亂。　〇七九

凡禮義者，是生於聖人之偽，非故生於人之性也。　二六五

三年之喪，二十五月而畢，哀痛未盡，思慕未忘，然而禮以是斷之者，豈不以送死有已，復生有節也哉！　二一五

上莫不致愛其下，而制之以禮。上之於下，如保赤子，下之親上，歡如父母。　一四二

下貧則上貧，下富則上富。明主必謹養其和，節其流，開其源，而時斟酌焉。　一三三

不可學，不可事，而在人者，謂之性；可學而能，可事而成之，在人者，謂之偽。是性偽之分也。　二六二

不為而成，不求而得，夫是之謂天職。如是者，雖深、其人不加慮焉；雖大、不加能焉；雖精、不加察焉，夫是之謂不與天爭職。

天有其時，地有其財，人有其治，夫是之謂能參。 一八八

四畫

夫子之讓乎父，弟之讓乎兄，子之代乎父，弟之代乎兄，此二行者，皆反於性而悖於情也；然而孝子之道，禮義之文理也。故順情性則不辭讓矣，辭讓則悖於情性矣。 二六四

夫樂者、樂也，人情之所必不免也。故人不能無樂，樂則必發於聲音，形於動靜。 二三四

夫聲樂之入人也深，其化人也速，故先王謹為之文。樂中平則民和而不流，樂肅莊則民齊而不亂。民和齊則兵勁城固，敵國不敢嬰也。如是，則百姓莫不安其處，樂其鄉，以至足其上矣。 二三七

今夫仁人也，將何務哉？上則法舜禹之制，下則法仲尼、子弓之義，以務息十二子之說。如是則天下之害除，仁人之事畢，聖王之跡著矣。 〇九七

巨用之者，先義而後利，安不卹親疏，不卹貴賤，唯誠能之求，夫是之謂巨用之。 一四一

木受繩則直，金就礪則利，君子博學而日參省乎己，則知明而行無過矣。 〇〇三

天不言而人推高焉，地不言而人推厚焉，四時不言而百姓期焉。夫此有常，以至其誠者也。 〇五六

天地生君子，君子理天地；君子者，天地之參也，萬物之總也，民之父母也。 一一七

天行有常，不為堯存，不為桀亡。應之以治則吉，應之以亂則凶。　一八六

王者之論：無德不貴，無能不官，無功不賞，無罪不罰。朝無幸位，民無幸生。尚賢使能，而等位不遺；折愿禁悍，而刑罰不過。百姓曉然皆知夫為善於家，而取賞於朝也；為不善於幽，而蒙刑於顯也。　一一五

心生而有知，知而有異；異也者，同時兼知之；同時兼知之，兩也；然而有所謂一；不以夫一害此一謂之壹。　二三九

心者，形之君也，而神明之主也，出令而無所受令。自禁也，自使也，自奪也，自取也，自行也，自止也。　二四四

以善至者待之以禮，以不善至者待之以刑。　一一一

五畫

古之學者為己，今之學者為人。不問而告謂之傲，問一而告二謂之囋。　○二五

古者聖王以人之性惡，以為偏險而不正，悖亂而不治，是以為之起禮義，制法度，以矯飾人之情性而正之，以擾化人之情性而導之也，始皆出於治，合於道者也。　二六○

主道：治近不治遠，治明不治幽，治一不治二。　一四四

六畫

七畫

非能遍知人之所知之謂也；君子之所謂辯者，非能遍辯人之所辯之謂也；君子之所謂察者，非能遍察人之所察之謂也；有所止矣。 一〇〇

君子之度己則以繩，接人則用抴。 〇八〇

君子以鐘鼓道志，以琴瑟樂心；動以干戚，飾以羽旄，從以磬管。故其清明象天，其廣大象地，其俯仰周旋有似於四時。故樂行而志清，禮脩而行成，耳目聰明，血氣和平，移風易俗，天下皆寧，美善相樂。 二三〇

君子行不貴苟難，說不貴苟察，名不貴苟傳，唯其當之為貴。 〇四八

君子者，治之原也。官人守數，君子養原；原清則流清，原濁則流濁。 一五三

君子治治，非治亂也。 〇五四

君子恭而不難，敬而不恐，貧窮而不約，富貴而不驕，並遇變態而不窮，審之禮也。 一五六

君子能亦好，不能亦好；小人能亦醜，不能亦醜。 〇五〇

君子崇人之德，揚人之美，非諂諛也；正義直指，舉人之過，非毀疵也；言己之光美，擬於舜禹，參於天地，非夸誕也。 〇五一

君子貧窮而志廣，富貴而體恭，安燕而血氣不惰，勞倦而容貌不枯，怒不過奪，喜不過予。 〇四五

八畫

皆知己之所畏恐之舉在是于也，故其罰威。　一三一

九畫

為人主上者，不美不飾之不足以一民也，不富不厚之不足以管下也，不威不強之不足以禁暴勝悍也。　一三〇

故用國者，義立而王，信立而霸，權謀立而亡。三者明主之所謹擇也。　一三八

故國者、重任也，不以積持之則不立。　一三八

既能治近，又務治遠；既能治明，又務見幽；既能當一，又務正百，是過者也，過猶不及也。　一四四

是是非非謂之知，非是是非謂之愚。　〇三九

相形不如論心，論心不如擇術。　〇七三

政令行，風俗美，以守則固，以征則彊，居則有名，動則有功。此儒之所謂曲辨也。　一四七

十至十一畫

師術有四，而博習不與焉：尊嚴而憚，可以為師；耆艾而信，可以為師；誦說而不陵不犯，可以為師；知微而論，可以為師。　一八二

十二畫

十三畫

聖人之所以同於衆，其不異於衆者，性也；所以異而過衆者，偽也。　二六七

聖人者，以己度者也。故以人度人，以情度情，以類度類，以說度功，以道觀盡，古今一度也。　〇七七

聖人積思慮，習偽故，以生禮義而起法度，然則禮義法度者，是生於聖人之偽，非故生於人之性也。　二六六

與人善言，煖於布帛；傷人之言，深於矛戟。　〇六一

農精於田，而不可以為田師；賈精於市，而不可以為市師；工精於器，而不可以為器師。有人也，不能此三技，而可使治三官。曰：精於道者也。　二四六

十五畫

樂也者，和之不可變者也；禮也者，理之不可易者也。樂合同，禮別異，禮樂之統，管乎人心矣。　二三一

樂在宗廟之中，君臣上下同聽之，則莫不和敬；閨門之內，父子兄弟同聽之，則莫不和親；鄉里族長之中，長少同聽之，則莫不和順。故樂者，審一以定和者也，比物以飾節者也，合奏以成文者也；足以率一道，足以治萬變。　二二六

墨子之言昭昭然為天下憂不足。夫不足非天下之公患也，特墨子之私憂過計也。　一二六

賞不行，則賢者不可得而進也；罰不行，則不肖者不可得而退也。 一二八
賢者不可得而進也，不肖者不可得而退也，則能不能不可得而官也。

十六畫

學不可以已。青、取之於藍，而青於藍；冰、水為之，而寒於水。 ○二三

學莫便乎近其人。 ○二七

濁明外景，清明內景，聖人縱其欲，兼其情，而制焉者理矣。夫何彊？何忍？何危？
故仁者之行道也，無為也；聖人之行道也，無彊也。仁者之思也恭，
聖者之思也樂。此治心之道也。 二五二

辨莫大於分，分莫大於禮，禮莫大於聖王。 ○七四

十七畫以上

禮有三本：天地者，生之本也；先祖者，類之本也；君師者，治之本也。 二○三

禮者，貴賤有等，長幼有差，貧富輕重皆有稱者也。德必稱位，位必稱祿，
祿必稱用，由士以上則必以禮樂節之，眾庶百姓則必以法數制之。 一三○

禮者，謹於治生死者也。生、人之始也，死、人之終也，終始俱善，人道畢矣。
故君子敬始而慎終，終始如一，是君子之道，禮義之文也。 二一○

一八一 臨事接民，而以義變應，寬裕而多容，恭敬以先之，政之始也。

然後中和察斷以輔之，政之隆也。然後進退誅賞之，政之終也。

一〇九 雖王公士大夫之子孫也，不能屬於禮義，則歸之庶人。

雖庶人之子孫也，積文學，正身行，能屬於禮義，則歸之卿相士大夫。

〇四三 體恭敬而心忠信，術禮義而情愛人；橫行天下，雖困四夷，人莫不貴。